トップスポーツから学ぶプロジェクト思考

# Think Ahead

専修大学教授／日本オリンピック委員会 情報戦略部門 部門長
久木留 毅
Takeshi Kukidome

# Think Ahead

トップスポーツから学ぶプロジェクト思考

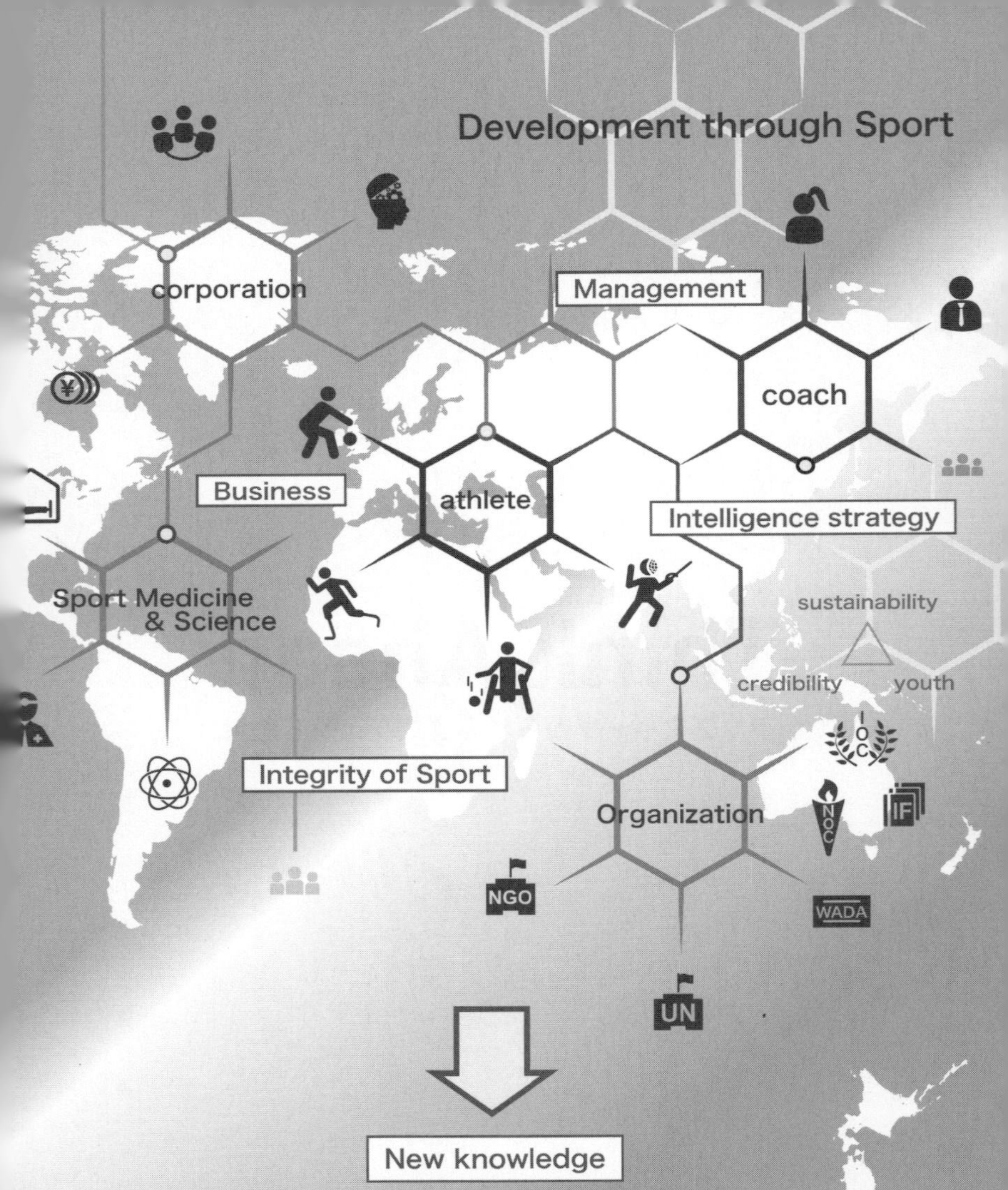


2020 Toward and Beyond

**「アスリートファーストから**
**パフォーマンスファーストへ 」**

新しい挑戦を意味する。アスリートを中心に据え、関わるすべての人や組織などが持てる資源をフル活用してトップスポーツの可能性を追求していく。その結果として、スポーツ以外の社会へ大きく寄与し、課題の解決へとつなげていく。2020年東京大会の開催は、未来の扉を開くトップスポーツの挑戦である。

# はじめに　2020年オリンピック・パラリンピック開催都市に東京が決定

2012年9月7日、アルゼンチン・ブエノスアイレスで開催された国際オリンピック委員会（IOC）総会において、2020年オリンピック・パラリンピック開催都市に東京が決定した。

この瞬間を鮮明に覚えている人は多いだろう。約半世紀振りとなる夏季オリンピックの開催は、低迷する経済とその影響による沈みがちな社会の中でアベノミクスと相まって日本社会に夢と勇気を与える希望の光にとらえた人々も少なくない。

2020年東京オリンピック・パラリンピック招致の成功によって、日本は三つの重要なものを手に入れることができた。

一つ目は、パブリック・リレーション（PR）による世界中のメディアへの露出である。招致に成功した日から7年間、東京都と日本が世界中に無償で広報される機会が莫大に増えることとなった。

二つ目は、経済活性化の起爆剤としての可能性である。2020年東京オリンピック・

パラリンピック招致の成功によって日本にもたらされる経済効果は、約3兆円（東京都で1兆6753億円、東京都以外で1兆2856億円）との試算がなされているが、7年先を見据えられることから100兆円を超えるとの見方もある。これは、インフラの整備、ホテルや施設などの建設、関連イベントの開催などである。さらに、それにともなう雇用の創出、人材の環流、経済や社会への影響は計りしれない。

三つ目は、この瞬間に日本のスポーツ界は、世界の中で最も有利に情報を活用して交渉できる立場になったことである。このことに気づいている人はほとんどいない。

一般的に政治、経済、外交を問わず、情報をもとにさまざまな交渉が行われていることはよく知られている。実はスポーツの世界においても同様に、情報をもとに交渉が実施されている。この事実についてスポーツ界以外の人々は、ほとんど知る機会がない。

## トップスポーツの戦いは強豪国間の情報戦でもある

現在のトップスポーツの戦いは、さまざまな局面において情報戦と言っても過言ではない。オリンピック・パラリンピックともに最新のマテリアル（用具）の開発は、コンマ数秒の戦いに影響を与えることはよく知られている。しかし、それらの情報は機密として扱われ、表舞台に出ることはほとんどない。多くのチーム競技では、対戦相手の情報をもとに戦術を組み立てることはよく知られている。しかし、各国のメダル獲得競争の中で選手団としてどのように情勢分析をしているのか、そのベースとなる情報はどのように収集されているのかについては、明らかにされていない。

また、オリンピックの舞台裏で繰り広げられているさまざまな交渉について、取り上げられることはほとんどない。オリンピック開催期間中に強豪国は4年後の次回大会のための事前キャンプ地の交渉や、次期オリンピック・パラリンピック招致に関する交渉を実施している。

さらに、2020年オリンピック・パラリンピック招致についてもあらゆる情報を活用した交渉が繰り広げられていた。

現在のトップスポーツは、フィールドの中だけでなくフィールドの外においても情報を活用して戦略を立て、さまざまな戦いが行われている。

2012年に開催されたロンドンオリンピックでイギリスは、29個の金メダル（合計65個のメダル）を獲得し、世界第3位となった。しかし、この成績の裏側には入念な情報の活用にともなう戦略があったことは、あまり知られていない。

私はロンドン大会が開催された翌年から1年間、イギリスのラフバラ大学（イギリスナンバーワンのスポーツ系大学）を拠点にイギリスとヨーロッパで調査研究を実施してきた。

この中で、強豪国はスポーツを国家戦略ととらえ、綿密な情報収集と分析をもとに戦略を立て実行している実情を垣間見た。そして、オリンピック・パラリンピックという世界的なスポーツの祭典を有効に活用し、戦略を展開することの重要性についても理解することができた。

私はトップスポーツの世界で繰り広げられている「情報」と「戦略」を活用した戦いの事例は、ビジネスの世界にも有益な情報となると考えている。なぜならここ数年、一部上場企業の開発・戦略部門のリーダーたちから世界のスポーツ事情に関する情報提供を求められることが多くなったからである。彼らは既存の市場から新しい市場の開拓を目指し、世界のトップスポーツの現状にフォーカスし、情報を収集しようとしている。

本書では華々しく取りざたされているトップスポーツの水面下での動向について「情報」と「戦略」というキーワードをもとに網羅した。

半世紀振りに東京で開催される夏季オリンピック・パラリンピックは、日本が情報という武器を活用して戦略を立て、アジアや世界のリーダーになれる最大の機会である。このことを理解したうえで、２０２０年を迎えることが必要である。一人でも多くの方がこのことに気づくために本書を読み進めてもらえれば、著者として最大の喜びである。

平成27年2月吉日

久木留　毅

# Think Ahead
トップスポーツから学ぶプロジェクト思考

CONTENTS

# PART 2

## 情報を制するものが世界を制す

### 組織やチームを勝利に導く情報戦

PART 3

# 最新情報はどこに眠るのか？

## 情報の可視化に挑む

# PART 4

# 「スタンダード」が変わった！最新情報から読む「プラン作成と評価システム」……157

PART 5

「ボランティア」から「プロフェッショナル」へ 情報が活きる組織改革とは？……201

EPILOGUE

装丁
渡邊民人（TYPEFACE）
本文デザイン
森田祥子（TYPEFACE）

# PART 1

# 「トップスポーツ」と「ビジネス」
## プロジェクト思考で世界のトップを目指す

# 1 トップスポーツの進化と深化

## 技術の向上で次々と塗り替えられる記録

現在、日本スポーツ振興センター（ＪＳＣ）情報・国際部が中心となりオリンピックやアジア競技大会などの総合競技大会毎に設置している「東京Ｊプロジェクト（オリンピックなどの情報分析に関するバックオフィス）」の報告で、トップスポーツの最前線における競争構造は、「高速化・高度化」「高強度化」「最大限化」「高品質化」「焦点化」の五つが主要な構成因子となって展開されていることが明らかとなっている。そこでまずここでは、これらの競争構造をもとにトップスポーツの進化と深化について紹介するとともに、総合力の戦いになっている点についても触れておきたい。

近年のオリンピックをはじめとした世界クラスの大会では、記録の更新が相次いでいることが報道されている。最もわかりやすいのは、陸上競技における記録の変遷である。男子100Mの記録は、1968年メキシコオリンピックでJ・ハインズが電動計時で10秒を切ってから（9秒95）41年後の2009年世界選手権において、ジャマイカのU・ボルトが9秒58の世界新記録を樹立している。

一方、マラソンでは1965年に日本の重松森雄が、世界新を更新する2時間12分を記録してから、49年後の2014年にケニアのD・キメットが2時間2分57秒の世界新記録を樹立した。同じく記録系の競泳においても、短・中・長距離の各種目で同様の記録の変遷が起こっている。

オリンピックという4年に一度の最高レベルの戦いにおいて、勝利を得るだけでなく世界新記録を出すことはコンディショニングの面からも並大抵のことではない。その中で、2008年北京大会では37の世界新記録が達成され、2012年ロンドン大会では30もの世界新記録が達成された。

これらのことから陸上や競泳などの記録系のトップスポーツの最前線では、アスリートの能力をフル活用した技術の向上にともなう高速化の波が押し寄せていることは十分に理解できる。その中で日本は、各競技においてどの種目に活路を見いだすことができるのかを見極める必要がある。そのためには、世界の情報を収集し、日本の情報と比較したうえで綿密に分析し、戦略を立てて戦いに臨むことが重要となる。

体操競技では、技の高難度化にともない採点方法が2006年および2009年以降変更された。馴染みの10点満点制は、今は存在しない。1964年東京オリンピック当時はC難度までしかなかったが、2014年にはA〜Gの7段階の難度が設定されている。

2012年ロンドンオリンピックと世界選手権 個人総合優勝（5連覇）の内村航平選手の演技は、世界中の体操関係者が注目する神業的なものであり、難度がさらに上がっていくことを予想させる。日本はこの内村選手に迫る勢いを持った才能豊かな若手が高度な技を身につけ進化を遂げている。このことは、競技団体として次世代の育成システムがうまく機能しており、日本の体操競技のレベルの深化を現している。

## トップスポーツで展開される五つの構造変化

トップスポーツの世界は、高速化・高度化が加速してきていることは間違いない。そんなパフォーマンスを実現するためにアスリートたちは、持てる能力を最大限に引き出し、高強度のトレーニングを日々続ける必要がある。そのうえで世界の中で勝つためには、大会において最高のパフォーマンスを行うことが求められる。

ただ、この高強度のトレーニングと試合によりアスリートの体力および身体は消耗し、場合によっては傷害をともなうことも少なくない。そのため常にケアを施す必要がある。

さらに、最高レベルの大会でトップに立つためには、才能豊かなタレント（競技能力の高い将来のトップアスリート）が不可欠となる。そこで、高品質なタレントを発掘・育成しようという試みが2004年から福岡県で開始された。当初から関わっている日本スポーツ振興センターと連携している自治体は、現在、全国に12ある。

高品質なタレントの育成には、高品質なプログラムと高品質なコーチング、さらに高品質なスポーツ医科学のサポートも不可欠となる。高品質なコーチングとは、各年代のアスリートに応じた適切で正しいアドバイスを行い、あるべき方向に導いていくものである。そのためにコーチは、高い技術を持ち合わせることと同時に、見る、聞く、話すなどの能力を高いレベルで身につけていることが求められる。

ビジネスの世界でもコーチングは注目され、活用されている。求められる能力が重複する部分の多いスポーツとビジネスのコーチングの中で、スポーツコーチングの特徴を挙げるとすれば、捕れそうで捕れないギリギリのノックをする野球のコーチ、技のタイミングを計り、絶妙の間合いで技を受ける柔道やレスリングのコーチ、さらに高レベルになると、対戦相手の技術を再現して疑似体験をさせることができる技術を兼ね備えていることなどが挙げられる。コーチがさまざまな実践できる技術を身につけている点は、スポーツコーチングの最も特徴的な部分である。

また、出場する試合の選出、日々および試合時のコンディショニングなどの焦点化も重要なポイントとなる。現在のトップスポーツは、競技に関わらず年間に多くの試合を行う。そのためすべての試合に出ることは体力的にもむずかしく、ターゲットとなる試合を選出することが求められる。さらに、その中でコンディショニングを整えることも重要となる。だから、焦点化が必要な時代と言えるであろう。

私がコーチをしているレスリングにおいても、世界選手権、オリンピックでの戦いは、陸上、競泳、体操と何ら変わりはなく、技術や試合展開における高速化・高度化は日進月歩で進化している。さらに、それに合わせたトレーニングも同様に高強度になることは当然であり、合わせて高品質化と焦点化についても当然、行われている。

## 「アスリートで勝つ」時代から「総合力で戦う」時代へ

これらの世界における最先端の報告は、前述の「東京Ｊプロジェクト」がオリンピックやアジア競技大会終了と同時に、大会の傾向、日本選手団の戦い方、強豪国の分析などについて約１００ページのレポートにまとめられ、意思決定者に渡されている。

重要なことは、このレポートの本質を意思決定者に伝えるしつらえ（用意、準備）である。そのためには、明確な要約をＡ４一枚に準備し、意図を伝えることが必要となる。意思決定者が読みたくなるしつらえを作るためには、結論の明確化、根拠となるデータの配置、一連のストーリー性、そして最後に読みたくなる構成が重要である。しかし、忘れてはいけないのが、すべてのレポートを読むかどうかの判断は、最終的に意思決定者が行うということである。

多忙な意思決定者に重要な情報を的確に伝えることが、情報戦略の最も大きな役割の一つである。そのために大会期間中および前後を通して、詳細な情報の収集・加工・分析を繰り返し行い、不必要な情報を捨てることが最も重要である。

トップスポーツでの戦いは、紙一重のわずかな差を見つけ出し、ライバルよりどれだけ有利に戦いを展開できるかが勝負の分かれ目である。近年のトップスポーツを取り巻く環境は、アスリートやコーチだけで勝てる時代から総合力を駆使して戦う時代へと変化している。そこで、組織として最新の情報にもとづいて戦略を立て、オリンピック・パラリンピックなどの大会に臨むことが必要となる。

その中で強豪国に共通しているのは、組織のリーダーがリーダーシップを発揮していることであり、各分野とのコミュニケーションを大切にしている点である。さらに、各部門のリーダーは、各分野のフロントラインに足を運び、よく観察していることなどが強豪国の統括組織とのミーティングから理解できた。日進月歩、進化と深化を繰り返すトップスポーツの最先端で勝ち抜くためには、最前線のアスリートとコーチをサポートするバックアップ体制をさらに充実させることが求められている。

# 2 特殊な環境「オリンピック」での戦い

## ADカードでの活動が制限されているオリンピック

世界中が注目するスポーツの祭典には、サッカーワールドカップ、ラグビーワールドカップ、ツール・ド・フランス、フォーミュラ１（Ｆ１）、そしてオリンピックがある。オリンピック以外の祭典は、それぞれの国際競技連盟が主催している単独のイベントである。

一方、オリンピックは、複数の競技が一同に会する総合競技大会である。２０１６年開催のリオデジャネイロ大会では、28競技３０６種目が実施される予定であり、２０２０年東京大会では約３１０の種目[注1]が実施されることになるであろう。

２０１２年ロンドン大会時に参加したアスリートの数は、約1万１０００人であった。

注1　２０１４年12月国際オリンピック委員会は、オリンピックの中長期改革（規則・規制変更）のための「アジェンダ２０２０」について、臨時総会をモナコで開催し、議決した。

2014年サッカーワールドカップの場合、予選を勝ち抜いた32カ国が参加し、各チーム予備登録を含めて30人をエントリー（登録総数が960人）、ただ、本番での参加者は736人であった。

このように単独競技と総合競技大会のイベントでは、参加するアスリートおよびスタッフの数が大きく違うことが理解できる。また、参加者の規模が異なるため宿泊施設や利用する交通手段においても、大きな差が出ることになる。

単独競技のイベントでは、指定されたホテルか各国が主体として宿泊施設を探すことが一般的である。よって、最初から自分たちの思い描く快適な空間を準備することができる。

一方、オリンピックは、宿泊施設、食事、交通手段などを含めて、すべて組織委員会が国際オリンピック委員会のレギュレーション（規則・規定）に沿って、これらを準備することになる。そのため多くの規制があり、参加している各国・地域オリンピック委員会（NOC）は、快適な空間を作るために知恵を絞り、多大な努力をすることになる。

その中で最も特殊な環境は、宿泊施設を含むアスリートヴィレッジ（選手村）である。また、その特殊な環境を構築するのに多大な影響を与えているのが、ADカードというシステムである。

一般的にADカードやアスリートヴィレッジに関する情報は少なく、どのようにしつらえられているのかを知る機会はほとんどない。そこでここでは、オリンピックのADカードとアスリートヴィレッジに関してその特殊性を含めて紹介し、その中で繰り広げられる戦いについて情報を共有したい。

オリンピックでは、各ＮＯＣ選手団の団員に身分証明としてAccreditation Card（アクレディテーションカード／認定カード）が配布され、大会期間中を通じてこの通称ＡＤカードがあらゆる場において効力を発揮することになる。アスリートヴィレッジへの入場、会場とアスリートヴィレッジなどを結ぶシャトルバスへの乗車、大会の会場および練習会場への入場、その他すべてのオリンピック関係施設への入場にはＡＤカードが必要となる。

ＡＤカードの配布枚数は、選手団の規模によって詳細に決められている。出場するアスリートの数が多ければ必然とスタッフに割り当てられる枚数も増えるようになっている。これらの複雑な仕組みに関する説明は、レギュレーションによって配分規定が細かく取り決められており、アスリートヴィレッジでのベッド数もこれによって決定する。

また、このＡＤカードにはさまざまな種類があり、その種類によって入れる区

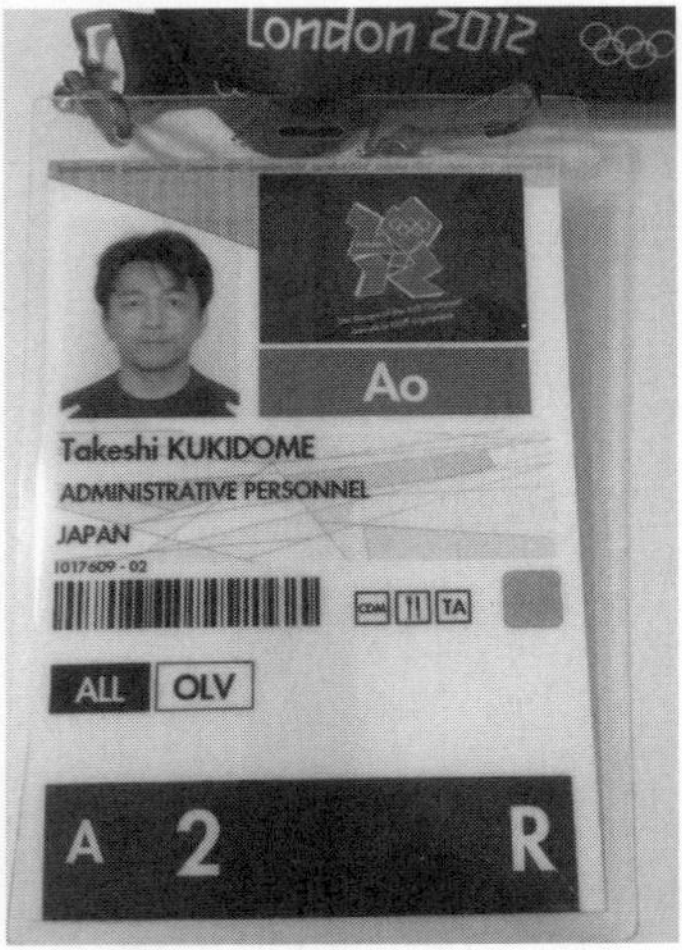

Accreditation Card（ADカード）

域が限定されている。たとえば、カードによって会場には入れるが、試合の行われているフロアーや練習会場に入れないなどの区別がなされている。さらに、オリンピックファミリーゾーンという特別区域があり、これもカードによって制限がされている。この背景には、ヨーロッパに古くから根づいている貴族文化を垣間見ることができる（特権階級制度）。

いずれにしてもオリンピックでは、ADカードがないと活動が制限されることになり、いつも通りのサポートができない。つまり、アスリートヴィレッジには基本的にADカードがないと入れない。ただ、毎日一定枚数のゲストパス[注2]が選手団の規模に応じて割り当てられている。このゲストパスを活用して、多くのスポーツ医科学スタッフがアスリートヴィレッジに入り、サポートをすることになる。

ゲストパスの申請は、訪問前日の15時までに組織委員会のウェブサイトからオンラインで行う必要がある。このようにオリンピック期間中の行動形式を含むすべての事柄がレギュレーションに沿ってマニュアル化されている。つまり、レギュレーションとマニュアルをすべて把握したうえで、時々刻々と変化する中で臨機応変に戦うことを求められているのが、現在のオリンピックなのである。

注2
ゲストパスの所有者は、9時から21時の間であれば、アスリートヴィレッジに入ることができる。

## 「レギュレーション」「マニュアル」の理解が戦略に影響

強豪国はADカードの割り振りを含めてレギュレーションとマニュアルを熟知している。選手団をどのように構成することがチームにとって有効であるのか綿密に調整をして大会に臨んでいることが、私たちのこれまでの調査で明らかになった。

各オリンピック組織委員会は、205の国と地域を相手に巨大なイベントを運営していく。そのため一つひとつの細かな要望に対して聞いていくことはできない。よってレギュレーションとマニュアルにもとづいて大会運営を行うことになる。

ここですべてを公開することはできないが、一つだけ言えることはこのレギュレーションの読み込みとマニュアルの理解が、大会期間中の戦略を大きく左右することになる。強豪国はレギュレーションを読み込み、マニュアルを理解し、矛盾を突いて組織委員会と交渉を行い、自分たちに有利になるような戦略を立案していることは間違いない。

アスリートヴィレッジにある機能としては、以下のものが一般的である。宿泊棟、メインダイニングホール、ヴィレッジプラザカフェ、軽食カート、ランドリー、トレーニングジム（サウナ、シャワーなど完備）、宗教センター、ミーティングルーム、ポリクリニック（村内総合診療所）、トランスポーテーション（バス発着場）、国際オリンピック委員会のNOCリレーションズオフィス、競技インフォメーションセンター、アスリートラウンジ、ヴィレッジプラザ（小売店、カフェ、娯楽エリアなど）、NOCサービスセンターなどが設置されている。これまで四つの大会（アテネ、北京、ロンドン、ソチ）を見てきたが、運営や形態に若干の違いはあるが、ここに挙げたものはすべて揃っていた。

これらのことから理解できるようにアスリートヴィレッジは、参加するアスリートやスタッフのためにすべてが揃う環境として設計されている。ただし、ここで課題となるのが、居住区の選別と村内機能の把握、それらを含めた勝つためのトータルデザインである。

## 日本の課題はプロフェッショナル化

これまで調査を行なった中で、アメリカ、イギリス、オーストラリア、フランス、ドイツなどの強豪国は、前述の課題を把握したうえで居住区の選定、ポリクリニックとの連携、組織委員会との連携を含めてトータルデザインをしつらえて、オリンピックに臨んでいるということである。

日本では、日本オリンピック委員会がオリンピックに関する情報を把握し、競技団体はすべてのことを任せていた感が強い。しかし、現状のオリンピックは競技団体が自らレギュレーションを把握し、所属する国際連盟などへ情報を取りにいく努力が求められる時代に変化していると言えるであろう。そのうえで競技団体は、日本オリンピック委員会とレベルの高いディスカッションをすることにより、チームジャパンとしての機能を上げていくことが求められている。

強豪国は、組織委員会と綿密に打ち合わせを何度も行い、レギュレーションの隙間をついて自国の有利な機能をアスリートヴィレッジ内に設置している。

今、日本に必要な機能は、オリンピックへの派遣に関するプロフェッショナル化である。これまで述べてきた通り現在のオリンピックは世界のビッグイベントであり、巨大な収益を上げるビッグビジネスである。そのため、イベントの運営はすべてマニュアル化されていると言っても過言ではないであろう。その情報量は莫大であり、業務を掛け持ちできる範囲を超えている。

さらに、オリンピックの開会までに組織委員会との交渉を何度も行うことが一般的となっている。ここでの交渉を有利に展開するためには、タフネゴシエーター（手ごわい交渉相手）がいなくてはならない。レギュレーションとマニュアルの本質を把握し、日本が有利になれるような意図をもとに交渉できるプロフェッショナルな人材とチームが必要な時代となっている。

このことはビジネス界でも同様である。政府間での交渉にすべてを任せておいては、後手にまわることが多々ある。そのため自らが能動的に情報を収集し、先手を打ち有利に交渉を展開していくことが重要となる。

# 3 世界最先端の「スポーツ医科学サポート」

## 進歩するスポーツ医科学をチームとして活用

ビジネスの世界では、異分野の人々がチームを組むことは珍しいことではない。特にダイバシティー（多様性）の中で、外国人を含めたさまざまな分野の人が一つのプロジェクトにおいて、目的達成のために力を結集することはよくある。

現在のトップアスリートたちの戦いは、ハイレベルでの競い合いになっている。そのためコーチだけですべてを補うことはできなくなっている。その中で強豪国は最先端のスポーツ医科学スタッフを導入してアスリートのサポートを行なっている。

ここでは、世界最先端のスポーツ医科学サポートについて紹介するとともに、チームを組むうえで重要な観点を紹介したい。

世界一のメダル大国アメリカは、スポーツ医科学サポートや研究分野で世界をリードしている。オリンピックにおいてもそのサポート体制は、他国の追随を許さない状況が続いている。

アメリカオリンピック委員会（ＵＳＯＣ）は、オリンピックの競技種目に関する国内唯一の統括機関であり、スポーツ科学、スポーツ医学の専門家が多数在籍している。その中でスポーツ科学部門の上級生理学者のＲ・ウィルバー博士によれば、２０１２年ロンドンオリンピックに向けた科学サポートでは、トレーニングにおけるピリオダイゼーション（期分け）、高地トレーニング、リカバリー、オーバートレーニングのモニタリング（観察）、技術分析、メンタルトレーニングなどに力を入れてサポートしたことが国立スポーツ科学センター（ＪＩＳＳ）[注3]の国際会議で明らかにされた。

この中で最も重要な点は、アスリートとコーチをサポートの中心に据える考え方と、アスリートがオリンピックで最大限に力を発揮するためのコンディショニングをサポートする入念な計画を作成していることである。もちろんこの中では、４年間の計画とともにオリンピック期間中の計画も含まれている。

それぞれのアスリートが個別のトレーニング計画を詳細に立案し、常にコーチとコミュニケーションをとり、モニタリングを繰り返しながら進める手法は学ぶべき点が多い。スポーツ科学やスポーツ医学の分野は、新しい知識や技術が継続的に進歩している。しかし、

注3
2001年10月に、東京都北区西が丘に設立されたトップアスリートをスポーツ医学、科学、情報面からサポートする唯一の国の機関。ナショナルトレーニングセンターが隣接する。

最も大切なことは、それをどのように活用していくのかということについて、アスリートやコーチの意見に耳を傾け、そのうえで的確なアドバイスをすることである。

この点については、ビジネスの世界でも同様であろう。最新のデバイス（PCなどの機器）やIT関連のシステムが進歩しても使う側の意図を理解し、的確な助言ができるスタッフやアドバイザーの存在がなければマテリアルやシステムは活かされないことはよくある。また、チームや組織の本質を見極めたうえで最新のデバイスを導入することが重要となる。

## アスリートを「強くする」のと「勝たせる」のは別次元

イギリスのトップスポーツをスポーツ科学とスポーツ医学の面からサポートする「English Institute of Sport（EIS）」は、12の専門分野に分かれている。医学、生理学、バイオメカニクス、ストレングス&コンディショニングなど、日本のスポーツ界でも馴染みのある分野である。

一方、日本では聞き慣れない分野もある。たとえば、パフォーマンスアナライシス、パフォーマンスニュートリッション、パフォーマンスサイコロジー、パフォーマンスパスウェイなどがそれにあたる。いずれも、それぞれの専門分野にパフォーマンスという言葉がついた複合語になっている。

日本にもパフォーマンスアナライシスに相当する動作分析、パフォーマンスニュートリッションに相当するスポーツ栄養、パフォーマンスサイコロジーに相当するスポーツ心理という分野はある。しかし、これらの分野がアスリートのパフォーマンスにフォーカスしているのかは、それぞれの内容をみていくと少し疑問が残る。

私はイギリスに滞在中に何度かＥＩＳがサポートをする場面を視察し、話を聞くことがあった。その中でスタッフは、パフォーマンスを専門分野から見ていくプロフェッショナルであることが理解できた。スタッフの特徴は、パフォーマンスを主体において自分の専門分野が果たす役割を徹底的に吟味している点にある。そのうえでスポーツ科学とスポーツ医学のスタッフは、サポートチームのリーダーやコーチと常にディスカッションをしていることがよく理解できた。

つまり、ＥＩＳでは、常にパフォーマンスに焦点を当ててディスカッションをしていることが明らかになった。

なぜそのパフォーマンスになるのか、今のパフォーマンスの原因として考えられる要因は何なのか、パフォーマンス向上に必要な要因は何なのかなどについて、それぞれの専門家が自分の領域から答えを探っていくのである。

さらにＥＩＳの強みは、九つのハイパフォーマンスセンターと九つの出張所を設置し、高品質なスポーツ科学とメディカルサポートを充実させ、各施設間のネットワークを構築し、トップアスリートに対して最高のサービスを提供している点である。ネットワークの構築は多大なメリットを生み出している。電子カルテシステムの進歩により九つのハイパフォーマンスセンターのどこに行っても同じサポートが受けられる。

また、オリンピックやパラリンピック、世界選手権などを通してトップアスリートのサポートをする中で、プロフェッショナル基準とベストプラクティス（ある結果を手に入れるのに最も効率のよい活動）の基準をナレッジ（知識・知見）として蓄積している。

ＥＩＳはこれらを活用し、スタッフをパフォーマンス向上に努める一流の専門家として育成することを目的にしていて、人が最大の資源であることを最も理解しており、そのための研修を頻繁に開催している。

日本のスポーツ医科学サポートが組織やシステムとして機能していくためには、これらの点は最も学ぶ必要がある。スポーツ医科学に限らず日本のスポーツ界は、ナレッジマネジメント（企業経営における管理領域で生産管理、販売管理、財務管理、人的資源管理、情報管理に続く第6の管理領域）に力を注いでこなかった。

日本のトップスポーツ界には世界の頂点を極めた先人やチームが少なくない。また、それらをサポートした事例もいくつかある。

しかし、これらをナレッジとして蓄積してこなかったことが最も大きな失敗である。この失敗を活かし、今後、ベストプラクティスをナレッジとして蓄積していかなければならない。

本質的なことは、スポーツ医科学はアスリートやチームを強くすることはできるが、勝たせることはできない。このことは最も重要な点である。アスリートやチームを勝たせる役割を担っているのは、コーチである。この点をはき違えているスポーツ医科学関係者は少なくない。

トップスポーツの戦いは、アスリートが主役である。

主役であるアスリートの能力とライバルの能力の差について徹底的に情報収集、加工、そして分析をし、対策を立ててトレーニングを行うことが必要となる。この過程の繰り返しが、わずかな差をライバルにつけて勝利することへとつながる。現在、この過程で最も有効なのがスポーツ医科学の活用である。

## マネジメント重視の強豪国を追う日本

ただ世界と日本の差は、この過程におけるマネジメントにある。日本の中でスポーツ医科学をうまく活用している団体は、コーチにスポーツ医科学の知識と理解がある。

ロンドンオリンピックで24年振りに金メダルを獲得し、二つの銅メダルを獲得した男子レスリングチームの佐藤満強化委員長は、自身が金メダリストで医学博士である。コーチ兼テクニカルディレクターの私がスポーツ医学博士、その他スポーツ科学の修士号を持つコーチが3人いた。

さらに、銅メダルを獲得した松本隆太郎選手は、現役を続行しながら国立大学の医学部に在籍し、博士号取得に向けて減量に関する遺伝子解析の研究をしている。ロンドンオリンピック代表でアジア競技大会2大会連続金メダリストの長谷川恒平選手は、スポーツ心理で修士号を取得している。このようにスポーツ医科学における活用の有効性を認識し、競技団体も変わろうとしている。

一方、スポーツ医科学スタッフの中に競技に精通した者がいる場合もうまくマネジメントを行うことができる。この点を考慮し、今後トップアスリートがスポーツ医科学のスタッフとして働けるしつらえを整えることは、重要な戦略の一つとなるであろう。

世界の強豪国と言われる国の中では、前述のEISのようにスポーツ医科学を活用する過程においてマネジメントを重視し、そのためのスタッフを準備している組織も多い。このシステムの差は決して小さくない。何となくうまくいっている日本と意図的にシステムとして準備している強豪国の違いは、確実にスポーツ医科学の活用面でわずかな差を積み重ねている。

# 4 最新の科学技術がわずかな差を生む

## イギリスは企業とのパートナーシップ協定でマテリアル開発に成功

現在、世界のトップスポーツにおける戦いは、わずかな差を生むために情報と戦略にもとづいてさまざまな分野で繰り広げられている。中でも競技種目においてマテリアルの開発は、顕著に勝負に影響を与える分野と言えるであろう。

２００８年北京オリンピックにおけるマテリアル開発の代表は、競泳で用いられたスピード社が開発したレーザー・レーサー（水着）である。この水着の開発には、アメリカ航空宇宙局（ＮＡＳＡ）の支援も行われていた。北京大会では25回世界新記録が更新されたが、このうち23がレーザー・レーサー着用アスリートによるものであった。さらに、史上最強のスイマーであるアメリカのＭ・フェルプス、日本の北島康介選手などをはじめとした金メダルを獲得したアスリートの94％がレーザー・レーサーを着用していた。続く2009年世界選手権においてはラバー水着が登場し、43回世界新記録が生まれた。これらの結果には、浮力をともなうポリウレタン素材の存在があったことが明らかになっている。

一方、この開発に対してテクノロジカル・ドーピング[注4]と呼ぶ者もいた。公平公正な競い合いを基本としているオリンピックにおいて、企業のマテリアルの開発競争による影響を懸念する声は後を絶たない。

2009年世界選手権における結果からも、その声は大きくなっていった。これらの結果を受けてようやく動き出した国際水泳連盟は、2010年に素材と形状を制限することで、実質、高速水着を禁止するレギュレーションを発表した。

しかし、決められたレギュレーションの中での競い合いは違反ではない。日本企業を含む多くの企業は、レギュレーションの中でマテリアルの開発を続けている。ただ、現在のトップスポーツにおけるマテリアル開発は、スポーツメーカーだけで太刀打ちすることができない時代に入っている。素材や材料メーカーを含むさまざまな企業が協同で、製品を開発することが必要となっている。

イギリスの「UK Sport（UKスポーツ／政府系政府外機関）」のリサーチ&イノベーション（R&I）グループは、さまざまな企業とパートナーシップ協定を結びロンドンオリンピック・パラリンピック用のマテリアル開発を行なっていた。

注4
一般的に禁止薬物を使って競技力を向上させる行為をドーピングと言い、厳しく取り締まっている。

私はR&Iグループの前リーダーであるS・ドローワーに、3回ほど会って直接話を聞く機会を得た。彼によればUKスポーツにおけるR&Iグループの役割は、研究開発をすることで国際大会でイギリスチーム（Team GB）がわずかな差を生み出し、勝利に貢献することであった。さらにそのために、R&Iグループは、国内外の研究開発の情報を収集し、分析を行うとともに、企業と大学とのパートナーシップなどにより国際競技力の向上に役立つマテリアルの開発をコーディネートしていた。

ただ、研究開発は、競技団体の詳細な要求を把握したうえで進める必要がある。そこにUKスポーツの、競技団体と綿密にコミュニケーションをとるグループの存在が浮かび上がった。この点は最も重要である。競技団体とのつながりを強固にしていくためには、コミュニケーションをもとに競技団体の意図を汲んで事業を進めていくことが大切である。さらに、競技団体が抱える問題の本質を見抜いて事業を展開していくことも重要となる。

## ますます加速する勝つためのマテリアル開発

イギリスは得意な競技種目が、自転車、ボート、カヌー、セーリング、陸上、競泳などであり、オリンピックだけでなくパラリンピックにおいても同様にこれらの競技種目に力を入れている。これらの競技種目は、マテリアルの影響を強く受ける。そこで、R&Iグループは競技団体とのコミュニケーションにより得た情報をもとにして企業と連携し、勝つためのマテリアルの開発を行なっていた。

2012年5月ロンドンオリンピックの直前にUKスポーツは、撥水ナノコーティング技術の開発で、世界最先端の企業であるイギリスのP2iとパートナー協定を締結した。この結果、R&Iプログラムで開発した自転車やセーリングなどのマテリアルにP2iの撥水加工を行なった。これによりイギリス代表チームは、マテリアル面においてわずかな差をライバルにつけることに成功した可能性が高い。

イギリスではロンドンオリンピックに向けて、政府と企業の出資による研究開発プロジェクトが複数の大学、企業、そしてUKスポーツなどが関わって実施された。その代表的なプロジェクト名がElite Sport Performance Research in Training（ESPRIT）である。ESPRITでは、2009年から5年間で総額約70億円をかけて小型センサーの研究開発とセンサーを活用した競技力の最適化をするためのデータ収集を行なった。これらの研究により、各競技のトレーニング効果が向上したと言われている。

ESPRITには、自動車メーカーのマクラーレン、航空宇宙関連企業のBEAシステムズ、スポーツメーカーのアディダスなども参加していた。スポーツ界からは、UKスポーツの他にEISやイギリスオリンピック委員会も参加していた。

また、これらの研究はトップスポーツで得た知見を一般社会に活用することが目的の一つとされていた。その点からセンサーを用いたトップスポーツで得た知見を、先進諸国の課題の一つである高齢化社会への適応へと活かしていく段階に入っていることが、最新の報告によって明らかになっている。

これは重要な観点である。自動車の最高峰と言われているF1で開発された、タイヤ、ブレーキ、エンジン、シャーシ、その他システムなどの最新技術が、一般車に応用されていることはよく知られている。同様にオリンピックを中心としたトップスポーツでも競技の場だけで勝利を得るために研究開発を行うのではなく、社会の諸問題の本質を考慮し、解決するために中長期的な視点でとらえ、戦略的に予算をつけて研究開発を実施していくことが求められる時代になっている。

現在最先端のテクノロジー分野では、入力、融合、転用の3点がキーワードになっている。その中で入力の部分は、センサーを意味していると言われている。したがってESPRITの研究は、間違いなく最先端であるのが理解できるであろう。

## 「スポーツ界」と「企業」の連携が課題

2020年東京大会で、これらのことを念頭にオリンピック・パラリンピック用の研究開発が推進されれば、スポーツを通した社会開発の一歩へとつながる。さらに、企業にとっても新たな市場であり、スポーツ界との連携も加速するであろう。

イギリスはトップスポーツで、多くの研究開発を実施し、成功させている。中でも2010年バンクーバーオリンピックにおける成功は、大きなターニングポイントであったと言えよう。

自転車、ボート、カヌー、セーリングという夏季競技と同様に冬季競技はマテリアルの影響を強く受けている。イギリスはその中でもライバルが比較的少ないソリ系の競技種目であるスケルトンに焦点を絞り、ベストプラクティスを構築した。

2010年バンクーバーオリンピックの女子スケルトンで優勝したE・ウィリアムスはその代表例である。

彼女は陸上400M走から種目転向したアスリートである。冬季競技は種目転向をすることで成功する競技種目が多い。中でもボブスレーやスケルトンは、世界的にも種目転向の多い競技種目である。

UKスポーツは、冬季オリンピック・パラリンピックでのメダル獲得戦略の一つとして女子に特化した種目転向のプログラム「Girls 4 Gold」を実施し、科学的な選出方法によって有望なタレントの発掘に努めた。その中で識別されたのが、E・ウィリアムスである。

さらに、バース大学を拠点としてさまざまな科学的トレーニングサポートを受けるのと同時に、航空宇宙関連企業のBAEシステムズやグローバルエアロスペース、アディダス、世界マーケットでトップシェアのテサ（粘着テープ）、サウサンプトン大学などの支援によって彼女用のテーラーメイドのソリやヘルメット開発も進められた。

もちろん、本人の努力なくして金メダル獲得はなかったのだが、企業と大学による最新の科学技術がわずかな差を生んだことも明らかである。

このケーススタディ（事例）がベストであった理由は、2014年ソチオリンピック・女子スケルトンにおいて、イギリスのL・ヤーノルドがE・ウィリアムスに続いて2大会連続で金メダルを獲得したことである。彼女も「Girls 4 Gold プログラム」によって発掘されたアスリートであり、企業と大学の支援による最新のマテリアルの提供を受けていたからだ。

イギリスは科学的な手法により有望なタレントを発掘し、最新の科学技術を駆使したうえでわずかな差を生むためのトータルシステムを確立し、この分野における成功を不動のものにしたと言えるであろう。

日本は2020年東京大会に向けて世界の情報を収集・分析しながら、その本質を見抜き総合的な戦略を構築していく必要がある。

# 5 メダル獲得の前線基地「マルチサポート・ハウス」

## 用意周到なアメリカとオーストラリア

２０１４年仁川アジア競技大会期間中、選手村の外に設置されたマルチサポート・ハウスがメディアに公開された。その中でひと際注目を浴びたのは「クライオセラピー（高度冷却装置）」である。イギリスをはじめとしたヨーロッパ諸国ではトップスポーツの世界で、徐々に一般的な装置として使用されているが、日本では初めて２０１３年7月に国立スポーツ科学センターが設置された。

クライオセラピーは、液体窒素を気化させたマイナス１７０～マイナス１３０度のガスを当て、疲労の回復を促進する冷却療法であり、もともとはリウマチの治療目的に日本で開発されたものである。ただ近年はサッカー、ラグビー、自転車競技のツール・ド・フランス、スキー競技などのアスリートが活用し、ヨーロッパを中心に使用が広がっている。陸上のスーパースターであるU・ボルトもロンドンオリンピック時に利用した。

最近、トップスポーツ界において話題のマルチサポート・ハウスは、2010年広州アジア競技大会から設置され、仁川アジア競技大会で4回目を迎えた。ここでは、アスリートを支える現地の前線基地のマルチサポート・ハウスを紹介するとともに、2020年以降の可能性について考えていきたい。

前述のとおり、オリンピックやアジア競技大会という総合競技大会では、アクレディテーションカード（ADカード）によって選手村に入れるスタッフの数が限定されている（くわしくは22ページ参照）。そのため世界選手権やワールドカップでサポートをしているスタッフが、最も重要な大会でアスリートのための活動ができないことが課題であった。

そこで、私たち情報戦略部門が強豪国の調査を行なったところ、2002年ソルトレイクシティオリンピックで、アメリカが、選手村の外に二つのハイパフォーマンスセンターを設置していることが明らかとなった。夏季競技では2004年アテネオリンピックで、アテネ市内のアメリカンカレッジを活用してハイパフォーマンスセンターを設置していた。

さらに、2008年北京オリンピックでは、北京師範大学内にハイパフォーマンスセンターが設置された。ここで初めて情報戦略部門のスタッフが中を視察することに成功した。

また、オーストラリアも類似の施設としてリカバリーセンターを設置し、アスリートサポートを選手村の外で行なっていた情報を収集した。

アメリカのハイパフォーマンスセンターの特徴は、自国と同等のトレーニング環境を提供していることであった。オリンピックという特殊な環境の中でコンディショニングをピークに持っていくためにはトレーニング終了後、すぐにリカバリーを行う必要がある。さらに、極度の緊張を解きほぐすため、家族や友人との団らんスペースでリラックスして過ごすことのできる場の設定が不可欠である。大会本番に向けて、これらのことを考慮した場を統括団体のアメリカオリンピック委員会が準備していたことが明らかになった。

一方、オーストラリアの特徴は、リカバリーに特化していた点である。オーストラリアがトップスポーツの研究分野において、リカバリーに着目していることは、オーストラリアのトップスポーツに関するホームページや関係者の研究論文などから理解することができる。

私たちは、２０１３年にオーストラリア・キャンベラに設置されている「Australian Institute of Sport（オーストラリアスポーツ研究所／ＡＩＳ）」を訪問した。オーストラリアスポーツ研究所の機能は、ナショナルトレーニングセンターとスポーツ医科学研究（およびサポート）の二つに大きく分けることができる。

研究の中で私が注目していたのは、トップアスリートのリカバリーに関するものであった。特にリカバリー浴と言われている冷水と温水の交代浴では、数千にもおよぶトップアスリートの個別データの収集と分析が繰り返し実施され、アスリートに合わせたテーラーメイドの使い方を提供していた。

## 「課題設定」から「研究、実践」の連動で世界に勝つ

ここにトップスポーツにおける実践と研究の融合に関する、本質を突いた一つの答えを見いだすことができる。

つまり、ただアスリートがハイレベルな施設を使うだけでなく、研究者が研究を行うだけでないしつらえがオーストラリアスポーツ研究所には整っていた。同研究所ではトップアスリートが世界で勝つための課題設定が明確であり、そのための研究と実践を繰り返し徹底的に行われていた。その一つがリカバリー浴だった。さらに、リカバリーに関する研究は、トレーニング、リカバリー浴、栄養補給、ストレッチやマッサージなどのトータルデザインのうえで実施されている点も注目に値した。

これらの実践と研究で得られた知見をオリンピックという最大の場で活かしているのが、リカバリーハウスなのである。これらの意図がわからないと、オーストラリアのトップスポーツに関するスポーツ医科学サポートの実態をつかむことはできないであろう。

オリンピックやアジア競技大会の情報戦略を担当している私たちが、実際にオーストラ

リアスポーツ研究所に行くことで、オリンピック期間中にオーストラリアが行なっているサポートに関する本質と意図を確認することができたのも偶然ではないだろう。

ビジネスの世界でも、営業現場と研究現場の考え方の乖離はよく話題になっている。それぞれの本質を見抜くためには、営業と研究に関わらず専門情報の収集は必須条件であろう。そのうえでそれぞれの現場に足を運び、さらなる情報を加えて組織としての方向性を合わせていくことは重要である。

ただ、これらをうまく機能させるためには、それができる人とその人を育成する制度が必要となる。さらに場合によっては、二つの部門をコーディネートする新しい部門も必要となるであろう。

アメリカ、オーストラリアともに共通していたのは、食事の提供、マッサージ、冷水と温水の交代浴、ウェイトトレーニング場、映像分析、リラックスルームなどの設備が整えられていることであった。

この他、アメリカのハイパフォーマンスセンターには、バスケットボールコート、バレーボールコート、レスリングマット、陸上トレーニング場など、主要競技のトレーニング施設が設置されていたことも明らかとなった。

## 「ワンストップショップ」でアスリートのサポートをする日本

情報を収集し、戦略を立案した結果が日本のマルチサポート・ハウスである。マルチサポート・ハウスは、そのコンセプトを「ワンストップショップ」としている。つまり、ここにくればアスリートやコーチたちは、すべてのサポートをいっしょに受けることができるわけである。

ベースとなるサポートは、①分析サポート（映像フィードバック、映像編集、簡易動作分析、結果集積・分析）、②コミュニケーション・リラックス（選手・コーチ・スタッフのミーティング、リラックス、リフレッシュスペース）、③リカバリー・コンディショニング（栄養補給、メディカルスペース、リカバリープール、トレーニング、心理サポート）、④情報戦略（サポート内容のコーディネート、日本選手団との連携・調整、戦況分析・調査、現地と日本との連携・調整）の四つである。

日本の強みは、東京都北区にあるナショナルトレーニングセンター（NTC）と国立スポーツ科学センターからなる主要強化拠点を持っていることである。ここをさらに戦略的にしつらえを整え、大会のシミュレーションを行い活用していくことで、オリンピック・パラリンピック本番におけるマルチサポート・ハウスの活用の質が一段と向上することは間違いない。

トップスポーツ界、ビジネス界ともに持てる資源を有効活用し、勝つための戦略を立案して試合や交渉に臨むことは必須である。そのためには、どこに勝つための資源があるのか、資源をどのように組み合わせることで何を生み出せるのか本質を見抜く力を持ったスタッフを育成することが、最も重要である。

マルチサポート・ハウスの品質を向上させ、世界最先端のオリンピック・パラリンピックの村外拠点を維持していくためには、この事業に特化したスペシャリストを育成していくことが日本の課題である。

さらに、未来のオリンピック・パラリンピックを見据えて考えた場合、レギュレーションの変更を考慮することが必要となる。そこで、選手村と選手村の外をトータルデザインしていくことが求められ、そのうえでアスリートやチームをサポートするスタッフの育成を考えていかなければならない。

もう一つの課題は、使う側の競技団体がマルチサポート・ハウスの機能を理解し、100％フル活用できる体制を整えることである。そのためにも主要強化拠点であるナショナルトレーニングセンターやのスタッフとのコミュニケーションを綿密に取り、自らがスポーツ医科学の情報を集めて戦略的に活用することが必要となるであろう。

# 6 トップスポーツの可能性と新たな考え方

## 本質と意図を理解してこそ、課題解決ができる

世界の中でトップスポーツは、アスリートやコーチだけで戦う時代からスポーツ医科学を活用し、組織的に戦う時代へと変化している。その中で２０２０年東京オリンピック・パラリンピック開催に向けて、さらに国の支援も大きくなっていくことだろう。

一方、２０２０年以降を見据えて考えた場合、国からの支援には限界もある。そこでスポーツ界としてビジネス界の支援をどのように得ていくのかを考えることは、２０２０年以降の継続的な育成と強化の面から最も重要な課題である。

ここではトップスポーツの可能性と新たな考え方について、ビジネス界との連携を含めて模索してみたい。

アメリカ、イギリス、オーストラリア、カナダ、ドイツ、フランスなどのトップスポーツ強豪国とのミーティングの中では、多くのことを学ぶことができる。中でもお互いの情報紹介だけでなくディスカッションを実行していく過程で、彼らはビジネス界で使われているさまざまなフレームを使い、ペーパーボードを活用して視覚化しながらミーティングを進めている。

もちろん日本のトップスポーツ界においても、ビジネスで用いられているフレームを活用してミーティングを行うことは多々ある。しかし、日本と彼らとの大きな違いは、ミーティングを行うメンバーである。

スポーツで活用されているフレームには、ビジネス戦略に使われている、ロジックツリー、ピラミッドストラクチャー、3C分析、ファイブフォース（五つの競争要因）、SWOT分析、ランチェスターの法則、7S戦略などがある。また、改善や時間管理には、PDCA、バリューチェーン、時間管理のマトリクス、デコンストラクションなどがある。

これらの中でSWOT分析のフレームを活用して、ビジネス戦略に関するミーティングを行う場を多く見かける。ただ、SWOT分析がむずかしいのは、強み、弱み、機会、脅威という四つに分けた項目を、どのように組み合わせてビジネス戦略に落とし込むかという点である。さらに、四つの項目にどのようなアイデアを出せるかどうかは、それを行なっているメンバーの質による。

重要なことは目的の明確化であり、それを達成するために数ある種類のフレームの中から的確に必要なフレームを選択できる能力を持ったリーダーが必要である。決してフレームを使うことが目的であってはならない。さらに最終的に重要なことは、フレームをどんなメンバーで使うのかということであろう。メンバーによって出てくる意見の質が変わってくるのが当然なのである。しかし、この点を見落とし、フレームを使えば答えが導き出されると思っているケースがある。

この点はビジネス界でも同じなのかもしれない。世の中には多数のビジネスフレームに関する情報が乱立しているが、フレームを使う本質と意図を理解していないと求める課題の解決にはたどり着かない可能性が高い。

## 異質性に気づくきっかけとなる人材融合

強豪国のスタッフの職歴はさまざまである。トップスポーツ界の中心を歩んできた者からビジネス界にいた者までも幅広い。さらに、他国での経験も豊富である。そうしたさまざまな経歴で養われた視点を持った者たちがSWOT分析を使うのと、スポーツ界だけにいた者がSWOT分析を使うのでは出てくるアイデアに差が出るのは当然であろう。

だからスポーツ界もビジネス界も多様な人材が融合する組織となっていく必要がある。

自分たちの当たり前は、実は外の世界から見れば異質であることが多々ある。自分たちの異質性に気づくためには、異業種からの人材を招き入れることである。

大きな変革期である今、スポーツの競技団体、統括組織、国に最も求められるのは、ビジネス界からの人材の受け入れである。経営、広報、財務、法務などの専門家を招き入れた改革をしていくことだ。その理由は明確である。一連のスポーツ界の不祥事における根本的な問題は、組織のガバナンスの欠如であり、そのことは自他ともに認められている。しかし、思い通りに改革が進まず、次々に諸問題が発生するのは、内部で起こっていることに意義を唱える人材がいないのか、言えない状況が考えられる。

さらに、外部の目が内部に入る制度がないのも大きな問題の一つであり、社会の目がスポーツに入るしつらえが求められている。そのうえで客観的な評価を受けられる制度の導入が必要なのである。

スポーツ界には、アスリートファーストという言葉がある。競技現場での主役はアスリートであり、そのアスリートを最優先に考えていくことは当然である。この考え方に異論を唱える人はいないであろう。企業という組織の中において、社員（人）が財産であるという考え方に類似している。

ただ、企業の目的は収益を上げることであり、そのためには事業においてよいパフォーマンスを行うことである。それはトップスポーツも同様であり、高度な競い合いの中で勝つという目的を達成するには、最高のパフォーマンスを行うことである。

このようにアスリートファーストは当然であるが、目的を達成するという観点でトップスポーツをとらえた場合、パフォーマンスファースト（質の高い結果を出す）という考え方を導入することで新たな可能性を見いだすことができる。

トップスポーツの世界では、「現場（フロントライン）」という言葉がよく使われる。ここでいう現場とは、競技の最先端であり練習や試合の場のことである。しかし、パフォーマンスファーストという考え方をした場合、スポーツ医科学のサポートを行う場、試合のマネジメントを行う場、広報活動の場、スポンサーを獲得する場など、これらすべてがパフォーマンスを支える現場と言えるであろう。つまり、こうした現場が連携し、協力しなければパフォーマンスファーストが成り立たないのである。

競技大会という舞台での主役はアスリートであることは間違いない。ただ、事業というとらえ方をした場合に最も重要となるのは、パフォーマンスであろう。より良く事業をまわすためには、多くの現場が連携し、協力体制を整えることである。

## ビジネス界からの人材登用が「多様」で「強い」組織を作る

さらに、事業を成功させるためには感情に流されることなく、そのときに最高のパフォーマンスを行えるアスリートを選択することも、パフォーマンスファーストでは重要となる。

今後5年間、日本のトップスポーツ界は2020年東京オリンピック・パラリンピックに向けて限定的な強化と、2020年東京大会以降の継続的な育成・強化という考え方を並行して実施していくことが求められている。

日本のトップスポーツ界は、2020年東京大会が終了した翌年から間違いなく予算の削減がはじまるだろう。ここについては、PART4でくわしく説明するが、何となく予算をつけてもらい、何となく消化する時代は終わりを迎える。その中で選手の育成・強化を継続して推進していくためには、新しいシステムの確立を準備しておくことが必要不可欠となる。

トップスポーツ界は、新しい育成強化に関する中長期プランを作成する場合、8～12年の期間でプランを見通す必要がある。オリンピックは4年1サイクルの期間でやってくる。世界のトップグループに入り続けるためには、少なくとも8年の2サイクルでのプランが必要である。

さらに、世界に目を向ければ、イギリスのUKスポーツの「Mission 2016（ミッション2016）」、カナダのオウン・ザ・ポディウム、オーストラリアのオーストラリアスポーツ研究所による「WINING EADGE（ウイニングエッジ）」、ニュージーランドのHighg

## 図表01 中長期の競技力向上戦略 / 2013 KUKIDOME トレーニング科学学会

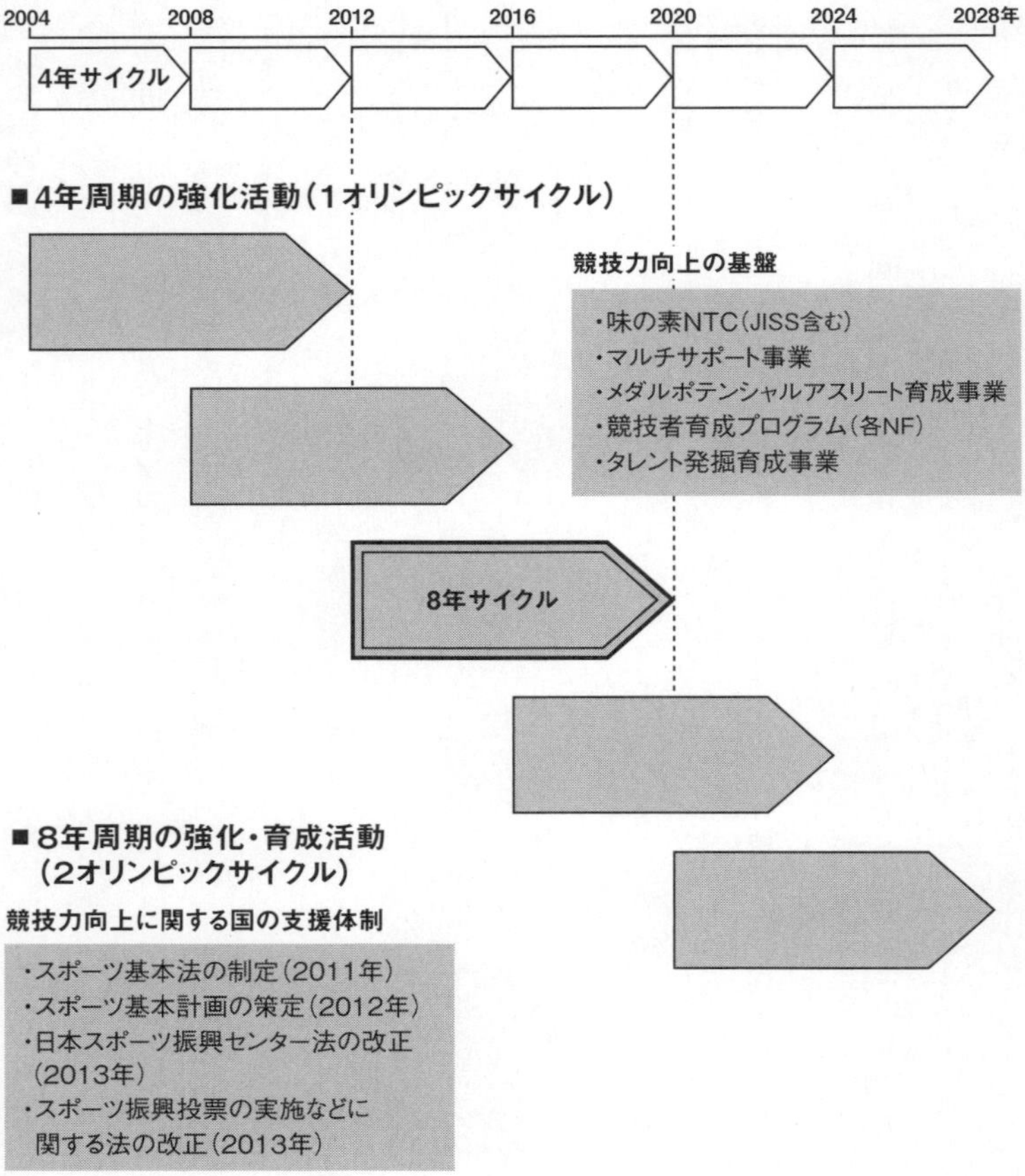

Perfomance NZ（ハイパフォーマンス・ニュージーランド）による「戦略プラン（2013－2020）」などでは、評価システムを導入している。プランの進捗と結果を自ら評価し、見直しを行うしつらえが整えられている。この点も日本が取り入れるべき重要な視点である。

これらのシステムを導入し、成功させるためには、ビジネス界からの人材の受け入れを視野に入れることだ。なぜならば、育成・強化に関する中長期プランの骨格を書くのはスポーツ界の者しかできない。しかし、国家予算がスポーツに投入されることを含めて考えた場合、国がスポーツに投資をするという観点を持たなければならない。投資の専門家はビジネス界に多く存在する。そのプロフェッショナルを迎え入れることこそ、課題であるガバナンスの強化につながる。

私は投資に関して金融の研究者、銀行家、証券会社社員などから話を聞く機会があったが、ポートフォリオ理論一つをとっても奥深く独学で理解するには時間がかかることを学んだ。ただ、専門家を巻き込むことで、より深いレベルで議論ができることは間違いない。

問題の本質を見抜き、課題を抽出して解決していくことは、ビジネスもトップスポーツも同様である。その中で異分野の専門家をどのようにトップスポーツの世界で受け入れ融合させ、多様な組織にしていくかが、今後の課題なのではないだろうか。

# PART 2

# 情報を制するものが世界を制す

## 組織やチームを勝利に導く情報戦

# 1 「情報」なくして「戦略」なし

## 巨大ビジネス産業へと発展するオリンピック

勝利を追い求めるという点で、ビジネスとトップスポーツは共通点が多い。その結果として組織に多大な利益をもたらすこともあれば、個人やチームとして金メダルを獲得することもある。常に勝利を得るためには、問題の本質を見抜き、課題を抽出して解決していくことである。この過程において最も重要なのは、質の高い情報を浴び続けることだ。

現在、経済をはじめとして行政、政治、国際分野で戦略の必要性は誰もが理解している。そこで多くの人々は、書籍や大学院などで戦略に関する知識を得ようと努めている。しかし、戦略を立案するには現状分析や日々刻々と変化していく中で、的確な方向にプロジェクトを導いていく情報が必要である。しかし、本当にこのことに気づいている人はどれだけいるのだろうか。

ここでは2020年東京オリンピック・パラリンピック招致が成功した要因に関して事例をもとに、情報とネットワークの重要性について紹介したい。

オリンピックは、1984年のロサンゼルス大会以降、商業路線をひた走ってきた。その中で、国際オリンピック委員会の最大の収益は、放映権である。日本は国際オリンピック委員会に対して2008年北京大会では約198億円、2012年ロンドン大会は冬季バンクーバー大会とセットで325億円、2016年のリオデジャネイロ大会は2014年冬季ソチ大会とセットで約360億円を支払ってきたが、その額は年々高騰している。

また、コカ・コーラ、サムスン、マクドナルド、オメガ、パナソニック、ビザなどの10社がワールドワイドパートナー（TOP）として国際オリンピック委員会の協賛企業となっている。2014年に新たに協賛することとなったブリヂストン（11社目）の協賛金は、10年契約で約350億円とも言われている。参考までに日本オリンピック委員会のゴールドパートナーは、トヨタ、ドコモ、アサヒビールなど7社で、その協賛金の額は1社あたり4年間で6億円である。

このようにオリンピックは世界の巨大ビジネス産業へと発展し、オリンピックのマークは大会開催期間以外でも世界中で広報されることになる。そのため一旦招致に成功すれば、開催に関連する産業は大いに潤う。東京オリンピック・パラリンピック開催にともなう経済効果については、さまざまな分析がある。その一つである森記念財団の分析では、19・4兆円との試算もある。そのためオリンピックを招致したいと考える国や都市は後を絶たない。

これらの背景の中でオリンピック・パラリンピック招致活動を成功させることは、国家の繁栄を左右する。その中で2020年東京オリンピック・パラリンピック招致が成功した最も大きな要因は何だったのだろうか？

私はその要因を、2016年招致活動の経験とそのときに収集した情報が大きいと考えている。

オリンピックの招致競争は年々激化し、それ自体が巨大なビジネスへと変貌している。東京都が2006年9月~2009年10月までの3年間で使用した経費は約149億円である。北京オリンピックが開催された2008年度の日本政府から日本オリンピック委員会への補助金（強化費）が約27億円であることからも、招致活動の経費がいかに莫大であるかが理解できる。招致の立候補都市は、東京と同等かそれ以上の経費を費やし、招致活動を展開していた。この中で各都市は、招致活動を有利に展開するためにさまざまな情報を収集する必要があり、そのためには世界にネットワークを持つ有能なコンサルタントと契約を結ぶ必要があった。

情報のない中での招致活動は、むやみに予算と時間を費やすだけの活動となる。

負に勝てないのはビジネスもスポーツの世界も同様である。勝つための戦略がないところには、勝利の女神は微笑まない。しかし、どんな綿密に組み立てられた戦略も、組み立てるもととなる情報の質が悪ければ良い戦略は立案できない。

## 招致の失敗で手に入れた「情報・ネットワーク」というレガシー

２０２０年東京招致の成功を語るうえで、もう一つ注目すべき重要な点がある。それは、２００９年10月２日デンマーク・コペンハーゲンにて開催された第１２１次国際オリンピック委員会総会で、２０１６年オリンピック・パラリンピック招致に東京が負けた瞬間から、２０２０年オリンピック・パラリンピック招致に石原慎太郎都知事（当時）が立候補を表明した２０１１年４月12日までの期間である。この空白期間に日本が２０１６年招致時に得たネットワークをどのように継続させていたのかという視点での分析は、メディアをはじめとして見受けられない。

しかし、この空白期間に２０２０年招致と関係する活動を水面下で継続していた組織が二つある。それは「嘉納治五郎記念国際スポーツ・研究・交流センター」と日本アンチ・ドーピング機構（ＪＡＤＡ）である。

嘉納治五郎センターは、日本柔道の創設者であり「日本オリンピックの父」と言われている嘉納治五郎の理念のもと2009年5月に設立された組織である。事業は大きく三つの柱にそって実施されている。①オリンピック教育・オリンピズム研究、②アンチ・ドーピング国際協力、③スポーツ国際交流・協力事業である。それぞれの事業が有機的に結びつくようになっている。事業を通じて2016年招致で得たネットワークをもとに国際オリンピック委員会が主催する国際会議をまわり、国内ではシンポジウムやイベントを企画し、情報収集と発信を行い、IOC委員とのネットワークの継続に努めていた。

現在、オリンピックを脅かすものの代表として、テロとドーピング（禁止薬物を使う行為など）がある。日本は、世界アンチ・ドーピング機構（WADA）の常任理事国である。日本アンチ・ドーピング機構の活動内容は、ドーピング防止施策の策定、ドーピング検査、調査・研究、アスリートなどへの教育・啓発活動を推進している。また、嘉納治五郎センターと連携しつつ、アジアのリーダー国として空白期間中も、開発途上国へのアンチ・ドーピングにまつわる協力や世界アンチ・ドーピング機構の会議などを招致し、日本の存在感を高める活動を展開していた。

オリンピック・パラリンピック招致活動に敗れた瞬間から次のための活動をスタートさせていたことが、2020年招致の成功につながった。その意味から、この二つの組織は注目に値する。

オリンピックの開催には、大会運営費のほかにスポーツ施設、選手村の整備、さらには関係する空港、鉄道、道路などのインフラ整備も必要となる。このため開催にかかる費用は莫大な金額となる。ただ、それらを開催後に有効利用することで、新たな社会の設計を行うこともできる。2012年ロンドン大会は、東ロンドン地区の再開発に成功し、新たな都市社会をデザインした成功例である。

国際オリンピック委員会はこれらのオリンピックのあとに残されたものをオリンピックレガシー（遺産）という言葉で表現している。レガシーは形となって残るものだけをいうのではなく、実際に見ることはできないが、開催都市や国の人々の心に残るレガシーもある。これらは無形のレガシーと呼ばれている。つまり、オリンピックレガシーには、有形と無形が存在する。

また、オリンピックレガシーは、開催都市だけに残されるものではない。招致に敗れた都市にもレガシーは残る。日本は2016年招致に参戦したことで、多くの情報とネットワークというレガシーを得た。さらに、このレガシーを有効活用して空白期間中も次への準備を怠ることなく、招致活動を水面下で継続していたことが、2016年の東京招致につながった可能性は高い。

このことは無形のレガシーである情報の活用が、オリンピック・パラリンピックという世界的なイベントの招致に成功した一つの事例である。

## 2「Information」から「Intelligence」へ

### 情報の95%は公刊資料から入手できる

近年の著しい情報化により、国境という名の地理的な境界線がなくなってきている中で、世界はグローバル化へと突き進んでいる。このような社会背景の中、日本で情報の重要性が叫ばれている。しかし、インターネットの発展にともない、ウェブをはじめとして、新聞、雑誌、書籍などに多くの情報が氾濫している中で、必要な情報を収集し、活用することがむずかしいと感じている人も多いのではないだろうか。

そうしたこともあり、情報を「Information」と「Intelligence」の二つに分けてとらえることの重要性が提唱されている。Informationとは、一般的に公開されており、かつ誰でも入手可能な情報のことをいう。米国中央情報局（ＣＩＡ）元長官によれば「情報の

95％は公刊資料から入手する」と言われている。言い方を変えれば、ＣＩＡにとって未公開情報は世の中にわずか5％しかないということになる。もちろん、ＣＩＡでは世界の言語に精通したスタッフを何人も揃え、さらにウェブ上のあらゆるページを24時間体制で監視続けている専門スタッフがいるからこそ、できるのであろう。

一方、意思決定者が判断をするときの有力な素材となることも多いとされている「Intelligence」は、いくつかの「Information」を加工し、評価を加えた機密性が高いものとされている。

## コーチに求められる専門家の配置、ネットワーク

トップスポーツの分野においてもグローバル化と情報化の流れの中、世界の舞台で勝つことが求められる時代となっている。そのためコーチは、グローバルな視点を常に持ち、国際競技団体の動向、ライバル国の状況、最新のトレーニング理論、マテリアルの開発など、さまざまな情報を収集し、アスリートをサポートすることが必要となっている。

私はこれまでトップスポーツという特殊な環境の中で、意思決定者が判断や決断をするための情報を提供してきた。その現場は大きく二つに分けることができる。

一つ目は、競技団体の統括組織である日本オリンピック委員会の情報戦略部門で部門長

（当初は副部門長）を12年間続けている。二つ目は、競技・種目の最前線である、レスリングのナショナルチームコーチとして3大会のオリンピック期間（12年間）を経験した。

最初に私たちが日本オリンピック委員会において責任者に情報提供を行なったのは、2002年の釜山アジア競技大会であった。その後、2012年ロンドンオリンピックまで、夏季・冬季オリンピック合わせて5回、夏季アジア競技大会2回、冬季アジア競技大会1回に情報戦略スタッフとして帯同した。その都度、情報を提供してきたが、それらは間違いなく「Intelligence」であった。

もちろん、私が一人で行なってきたわけではない。前線である現地に日本選手団として一緒に入るメンバー、後方支援として日本に残り情報を収集・加工・分析を行なってくれるメンバーがいた。つまり、情報を扱う専門家チームが後方で私たち前線部隊を支えてくれていたというわけである。

オリンピック毎に、国立スポーツ科学センター情報研究部（現在は日本スポーツ振興センター情報・国際部）が中心となり「東京Jプロジェクト」を立ち上げた。その目的は日本選手団を国内から支援するためであり、そのスタッフの人数は毎回10人前後である。オリンピックやアジア競技大会期間中、東京Jプロジェクトのメンバーは日本のメダル獲得数の状況と今後の展望、ライバル国のメダル獲得状況と展望、最新の機器情報、さらには現地の政治状況など、ありとあらゆる関係情報を収集し、分析している。それらの情報は、現地の私たちにレポートとして毎日送られてくる。

私の役目は、これらのレポート中で最も有益となる情報をチェックし、朝の役員ミーティングで情報提供することである。しかし、私に与えられた時間はわずか1〜2分程度である。この中で意思決定者である団長や総監督が有益と判断できる情報をいかに提供できるかが勝負となる。東京Ｊプロジェクトのスタッフが徹夜をして作成したレポートをわずかの時間で説明し、理解してもらうためには、事前の準備とその場の空気を読み、的確な言葉で伝える必要がある。さらに、その場での役員の質問にすべて答えなければならない。この緊張感を約3週間、毎日続けることになる。

東京Ｊプロジェクトは、大会終了後、すぐに今大会の傾向と今後の対策に有益となる「東京Ｊレポート」をまとめている。その内容は、大会のレビュー、日本選手団のレビュー、強豪国の戦略分析とその変化、各国の選手団機能（選手・役員構成、専門スタッフの種別と数、選手村内の機能など）、次回大会への提言などである。

これらは次回以降の日本の戦い方に、大きな影響力を持つ情報となっている。

私たちはこれらの情報をもとに国の政策立案過程にも関与してきた。つまり、東京Ｊプロジェクトで作成されたレポートは、間違いなく「Intelligence」と言える。

一方、競技・種目の世界では、スポーツ医学・科学などに関する情報は、必要不可欠なものとなっている。これらの情報は、ウェブ上、書籍、雑誌に数多く存在する。しかし、重要なことは、これらの中から現場で必要な情報を的確に見つけ出し、有効に活用することである。そのためにはコーチが学び続ける姿勢と専門家の配置およびネットワークの構築と連携が必要となる。

## 競技現場と専門家の一体化が新たな情報を生む

私はレスリングにおいて、ナショナルチームのコーチとしてアスリートにコーチングをし、スポーツ医学・科学などの専門家とのネットワーク構築、また連携のコーディネーターも兼務してきた。レスリングの代表チームは、国立スポーツ科学センターを拠点としてトレーニングキャンプを行なっていた。同センターはミニナショナルトレーニングセンターもかねていた。

私が国立スポーツ科学センターでの合宿時に実施したのは、同センターの各部門（医学研究部、科学研究部、情報研究部）をまわり、スタッフにどの分野の専門家がいるのかを把握することだった。そのお陰でレスリングは国立スポーツ科学センターを拠点にした7年間で、同センターの持つ最新の設備と研究員の知識やサポート技術による機能を100％使いきることができた。

このときに情報という観点から注意したことは、同センターの専門家の持つスポーツ医学や科学の情報だけに頼るのではなく、現場からみた問題点の把握と課題の抽出を行なったうえで、同センターのアドバイスを得るように努めたことである。

たとえば、レスリングでは試合の前日に計量があり計量をパスしないと試合に出られない。しかし、計量をしたあとは、何kg体重が戻ってもよい。トップアスリートの中には、10kgを10日間で減量する者もいる。このアスリートは、試合当日には約8kg回復している。そこでリカバリーという観点から専門家のアドバイスをもらうことになるが、医・科学的には考えられない減量方法であり、当初は国立スポーツ科学センターのスタッフも困惑していた。そこで、世界の状況を含めて何度もミーティングを重ねて最善策を探っていった。

つまり、スポーツ医科学の専門情報を現場の情報と融合させることで解決方法を導きだしていった。この過程を経ることで、有益なリカバリーに関する「Intelligence」を生み出すことにつながった。トップスポーツに限らずビジネス界でも役立つ情報の収集方法は、多くの専門家により詳細にまとめられている。図表2にその代表的なものをまとめた。

インターネットの技術が目覚ましく進歩する中で、技術を介して得る情報（テキント）の収集は誰もが行うことができるようになった。特にデジタル技術に子供のころから本格的に接した世代は、「デジタルネイティブ[注5]」と称されテキント情報を駆使して生活を送っている。デジタルネイティブ世代は、ソーシャルネットワークサービス（SNS）のフェースブック、ツイッター、ラインなどを巧みに使いこなしている。

注5
おおよそ1980年前後生まれ、それ以降を指す。1980年生まれ、それ以降は、2010年で世界全体において、すでに総人口の半数を超えている。

図表02 情報の収集方法

| | |
|---|---|
| **1 オシント（Open Source Intelligence）** | **公開されたメディアから情報を得る** |
| **2 ヒューミント（Human Intelligence）** | **人的に情報を得る** |
| **3 テキント（Technical Intelligence）** | **技術を介して情報を得る** |
| ①シギント（Signals Intelligence） | 信号情報 |
| ②イミント（Imagery Intelligence） | 画像情報 |
| ③ジオント（Geospatial Intelligence） | 地理空間情報 |
| ④マシント（Measurement and Signatures Intelligence） | 測定情報 |

もちろんトップスポーツの世界でも日本オリンピック委員会、国際オリンピック委員会、日本スポーツ振興センター、各競技団体などをはじめとした多くの国内外におけるスポーツ組織も情報発信の手段としてSNSやホームページを活用して多くの情報をウェブ上で公開している。

しかし、情報の質を向上させていくためには、ウェブ情報などと合わせて、人のつながりによって得る情報（ヒューミント）を有効に活用することが不可欠である。さらに、ヒューミントを得るためには、信頼できるネットワークの構築が重要な鍵となる。そのためには個人、組織、国家など、それぞれの間において、お互いがWIN－WINになるような情報の還流を推進していくことが必要となる。このときに最も重要となるのは、相手にとって有益な情報を持っていることである。

その意味からも２０２０年東京オリンピック・パラリンピック開催が決まった日本は、諸外国から見て多くの有益な情報を持つ国である。

諸外国の企業は、オリンピック開催にともない、先進国の中でも安定した経済と安全な日本への進出を多く計画している。たとえばフィットネス業界では、アメリカのトップ企業が日本へ進出することがすでに決まっている。ホテル業界も立地などを含めて多くの情報を収集している。さらには、不動産業界は東京湾岸エリアの再開発を視野に入れ計画を練っている。このほかオリンピックはビジネスの宝庫であり、その跡地の開発や、それにともなうまだ存在しないビジネスの情報が多く秘められている。

同時期に開催されるパラリンピックも有益な情報を多く秘めている可能性が高い。たとえばバリアフリー関係のビジネス、障がい者のスポーツ参画に関するビジネス、障がい者が気軽に入れるレストランやカフェに関するビジネスなどが考えられる。

このことを多くの日本人、企業、そして政府がより理解していくことが国益を増やすことにつながる。２０２０年東京大会は決してスポーツ界だけのものではない。日本が世界とビッグビジネスを展開していける大きな機会であることをより多くの人々が知る必要があるだろう。

# 3 「PDCA」サイクルをまわす

## 検証と評価の繰り返しが戦略プランを成功へ導く

ビジネスもトップスポーツの世界も事業を推進し勝利を得るためには、マネジメントの重要性がよく認識されている。マネジメントの大家であるP・ドラッカーによれば、マネジメントとは、「組織をして成果を上げさせるための道具、機能、機関である」と言われている。

さらに、マネジメントの対象となるのが、ヒト、モノ、カネ、情報であることはよく知られている。

その中でPLAN（計画作成）、DO（実行）、CHECK（結果の評価）、ACTION（改善）の重要性と活用は、多くの人々の知るところである。しかし、PDCAに関する知識を持っていても現実のプロジェクト事業をまわしていく中で、うまくいかないという話をよく耳にする。そこで、ここではＰＤＣＡをより巧みにまわしていくための重要な要因について、トップスポーツの事例をもとに紹介したい。

イギリスにはＵＫスポーツというトップスポーツの政策執行を行う政府系政府外機関がある。ＵＫスポーツは、国の予算を各競技団体に配分する役割を担っている。その中で注目すべきは、各競技団体がオリンピックでメダルを獲得するための戦略プランを作成し、その作成過程にＵＫスポーツが関わり、そのうえで評価をして予算を配分している点である。

私はイギリス在住中に、ＵＫスポーツの元パフォーマンス・ディレクターと何度かミーティングを行なった。その中で彼らが２０１２年ロンドンオリンピック・パラリンピックを成功に導くために策定した、「ミッション２０１２（妥協なき投資プラン）」というプロジェクトの執行を行ううえで最も重要であったのは、評価システムだったことを確認することができた。「ミッション２０１２」の詳細については、他の章でくわしく紹介したい。

ここで重要なことは、戦略プランを執行し、成功に導くために最も重要であったのが、評価システムであったという点である。

一般的にプロジェクト事業を推進していくときに活用されるＰＤＣＡでは、ＣＨＥＣＫの段階で初めて結果の確認をするというふうに理解をしていることが多いのではないだろうか。つまり、事業を計画作成（PLAN）して、組織内で了承され、実行（DO）へと移していく。事業が進んでいき、ある一定の結果が出たところで結果の確認（CHECK）を行い、改善（ACTION）へとつなげていく。

しかし、UKスポーツの「ミッション2012」では、PDCAの各段階において、最新の情報をもとに評価システムを働かせることで成功に導いていったという事実は特筆すべきことである。

一般的なPDCAサイクル理論の理解では、評価システムに関する受け取り方が違う場合が多い。そう考えると繰り返しになるが、UKスポーツの「ミッション2012」の場合は、「PLAN－DO－CHECK－ACTION」の各段階で最新情報をもとにして、検証と評価を実施することで事業を成功へ導くことを示唆している。

## 検証や評価はPDCA各段階で行う

日本のトップスポーツでも、マネジメントがうまく機能しないためにPDCAサイクルを取り入れている組織やチームは多い。しかし、それらすべてが成功しているわけではない。理由は、前述の通りPDCAサイクルの中で新しい情報にもとづく検証と評価をしていないからである。

日本オリンピック委員会は2010年に強化戦略プランの立案を推奨した。その中で唯一プラン通りに100%成功し、2012年のロンドンオリンピックで目標を達成したのが、男子レスリングチームであった。

ここでは、2012年ロンドンオリンピックを目指した男子レスリング強化委員会の事例を紹介したい。2004年アテネオリンピックからは女子レスリングが正式種目となり、2012年ロンドン大会まで三大会金メダルを連続して獲得していることはよく知られている。

一方、男子レスリングは1952年ヘルシンキオリンピックよりメダルを連続で獲得し続けている日本で唯一の競技・種目であり、2012年ロンドン大会では金メダルを含む3個のメダルを獲得し、15大会連続メダル獲得記録を更新している。

男子強化委員会では、強化委員長、強化副委員長、テクニカルディレクターがエグゼクティブボードとして、強化の方針およびPLANを作成し、強化委員会でミーティングを行い、実行へと進める方法をとっていた。

PLANを立案するためには現状を把握し、問題点から課題を抽出することになる。この段階で重要なのは、あらゆる情報を収集し分析を行い、最善のPLANを作成することである。そのうえで、代表選手および代表候補選手に方針とPLANを強化委員長自らが説明し、金メダルを獲得するための道筋を明確に示すことで、チームが一丸となって目標に邁進することとなった。

ＤＯに進めた段階でも新たな情報を常に収集し、ＰＬＡＮの検証と評価を繰り返した。さらにルールの変更、大会日程の変更、新たなライバルの出現、代表選手のケガなどに応じてＰＬＡＮを変更することは当然である。その結果、ＤＯの部分となるトレーニングも当然、変更が加えられることとなる。

ＣＨＥＣＫには、観念的な情報を使うのではなく、数値にもとづく客観的データを重視して検証と評価を行うことに努めた。さらに、データは可視化（見える化）し、代表選手らが理解しやすいように心がけた。そのうえで説明を行うことが重要であった。

たとえば、レスリングという道具を使わない個人競技において、世界で勝つためには基礎体力と専門体力（レスリング特有の体力）が必要となる。そこで、男子強化委員会では、3カ月毎の形態・体力測定を実施した。この測定は、代表合宿中に国立スポーツ科学センターの協力のもとで実施され、スポーツ医科学の知見を活用した客観的なデータとして蓄積していった。

さらに、次の合宿時にミーティングを実施し、データにもとづきチームおよび個人の課題を明確にしたうえでトレーニングの改善につなげていった。その結果、体力データは、前回の2008年北京オリンピック代表選手たちの数値を上まわる結果となった。

ＣＨＥＣＫにおいても最新の情報を加えて行うことが必要となる。ライバルは既存の者から彗星のように現れる者まで幅広く存在する。各コーチがネットワークを駆使して、各国際大会の情報にアンテナを張り巡らせることが必須となる。さらに、ＩＴ機器やソフトの発達にともない分析の幅とスピードが格段に進歩している。これらの分析のマテリアルや手法に関しても、最新の情報を常に把握しておくことが、ＣＨＥＣＫ（結果の確認）の質を向上させることにつながる。

一般的な理解では、ＰＬＡＮ－ＤＯ－ＣＨＥＣＫを経て、ＡＣＴＩＯＮが行われると思われていることが多い。しかし、男子レスリング強化委員会の事例からも理解できるように、ＰＤＣＡサイクルをまわす、すべての過程において検証と評価を加えてその都度、改善を行なっていくことが最も重要であることがわかる。

ＵＫスポーツの「ミッション２０１２」も同様に、ＰＬＡＮ（計画）遂行の各段階において、評価システムを機能させていた。つまり、男子レスリング強化委員会とＵＫスポーツは、ＰＤＣＡサイクルをより巧みにまわす方法として、各段階において検証と評価をシステムとして取り入れていたことが理解できる。検証や評価をするためには、客観的な情報が必要となる。その情報の質が高ければ高いほど、ＰＤＣＡサイクルはより機能する。

これらトップスポーツにおける二つの事例から、ＰＤＣＡサイクルをよりよくまわして機能させるためには、その各段階において検証と評価を行い、そのたびに改善を加えていくことが重要である。

# 4 情報を制する者が世界を制す

## 「価値ある情報」が意思決定者に届く仕組み

世界を舞台に戦うトップアスリートやコーチにとって「情報を制する者が世界を制す」ことを証明する事象は、枚挙にいとまがない。

2014年サッカーワールドカップで優勝したドイツには、相手チームを分析するアナリストが3人いた。アナリストチームは、レーブ監督が要求するすべての情報を瞬時に加工・分析したうえで提供したことで、「レーブの頭脳」と呼ばれていた。ただし、彼らはすべての業務を自分たちだけで行なっていたのではない。地元の大学に所属している30人の関係者が、前線のアナリストチームをバックアップする体制をとっていたことはあまり知られていない。

さらに、ドイツサッカー協会はサッカーの分析基盤「ASP Match Insight」をＡＳＰ（エーエスピー）との共同プロジェクトにより開発していた。これによりデータ分析は新たな時代へと入っていくことになった。

また、英国のプレミアムリーグをはじめとした世界中のビッグクラブでは、対戦相手の戦術分析を含むあらゆる試合中の動作（ドリブル、パス、シュート、スローイングなど）、走行距離、さらにトレーニング計画、補強計画などについてもデータ化して勝利につなげている。

オリンピック３連覇中の吉田沙保里選手、伊調馨選手で有名なレスリングでは、ライバルの映像情報をタブレットやスマートフォンに入れて提供している。この情報により、ライバルの得意技や戦術を把握することができる。その他、柔道、競泳、体操、フェンシング、卓球などにおいても映像情報の活用はなくてはならないものとなっている。

しかし、情報の活用はそれでだけではない。私たちは１９９０年代後半から新しい分野である「スポーツにおける情報戦略」について、オリンピック、アジア競技大会などのトップスポーツの最前線において日本の状況分析、他国の状況分析を大会前、中、そして後にも行なってきた。

つまり、チーム・ジャパン（Team JAPAN）の国際的な競技力向上のため、情報と戦略を意思決定者のために活用するという実践と検証を繰り返している。

図表03 スポーツ情報戦略の概念

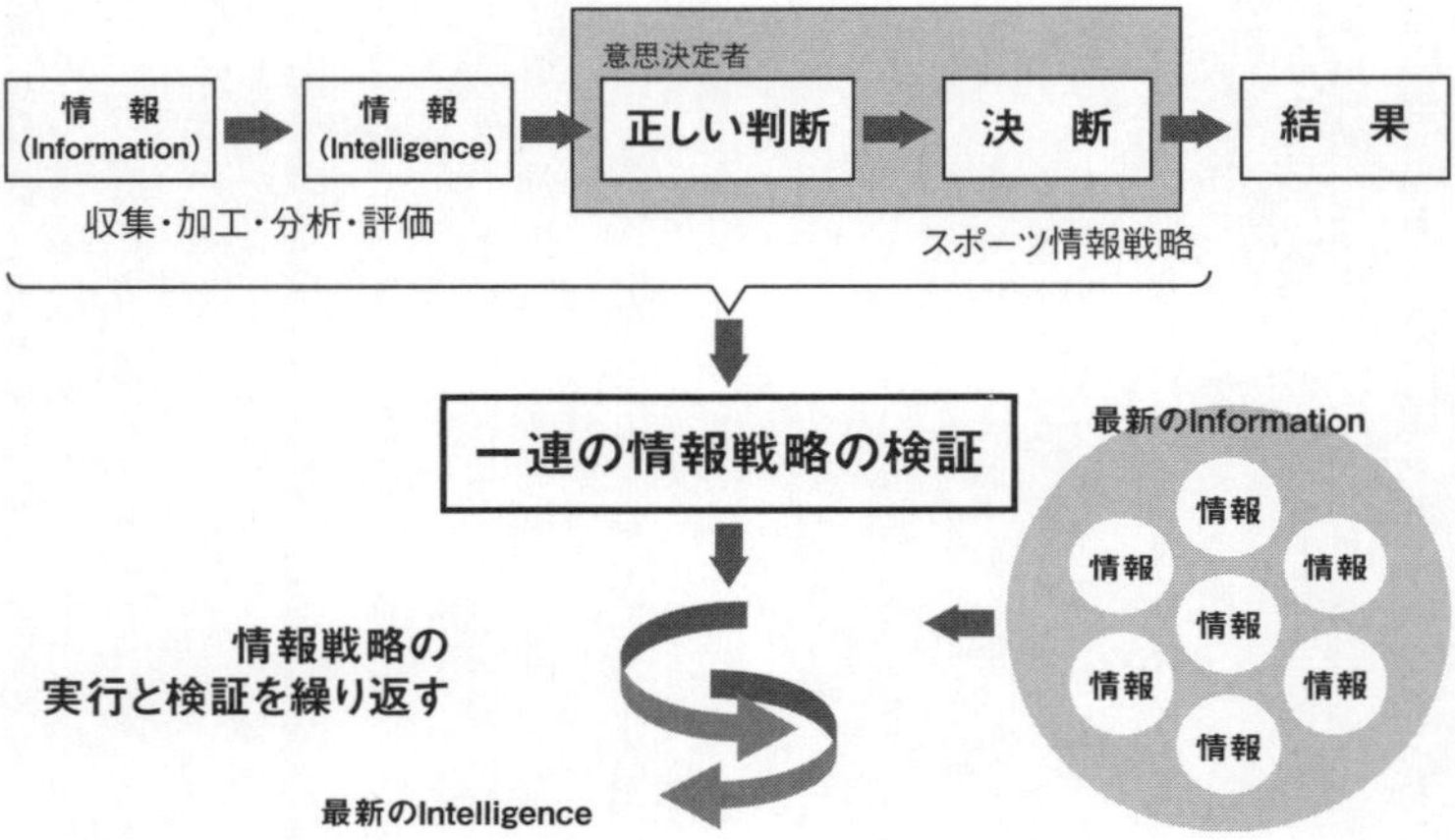


私たちはスポーツにおける情報戦略を、「スポーツ界の意思決定者が正しい、理にかなった判断と決断をするために、『情報（Information）』を収集・加工・分析・評価し『有益な情報（Intelligence）』に変えて提供する一連の過程」としている。

さらに、情報戦略スタッフや部門は、意思決定者が判断と決断を下し、実行に移した結果について検証を行い、新たな「Information」を加えて加工する。加工された情報は、さらに分析と評価を加えて精度を上げて最新の「Intelligence」となる。

新たに意思決定者からの依頼があれば、情報戦略スタッフや部門は最新の「Intelligence」を提供することになる。

この一連の過程をインテリジェンス・サイクルと呼んでいる。

ビジネスの世界でも組織やチームにおいても、意思決定者を見分けることができずに情報を活かしきれないという話をよく聞く。また、リーダーの不在、リーダーの優柔不断によりチームが機能しないという話も多い。

トップスポーツの世界においても同様の事象が多くある。その中で有益な情報を的確に意思決定者に提供することにより、組織やチームを勝利に導くのが情報戦略である。

情報提供にはさまざまな方法があるが、最も重要なことは意思決定者が短時間で本質を理解できるようにすることである。そのために提供する情報は、無駄な情報を省き、シンプルで可視化されたものにすることだ。さらに、こちら側の意図を正確に理解してもらうためには、わずかな時間でも人と人が顔を合わせて話をすることが大切となる。

## 勝つために責任の所在を明らかにする

私たちは情報戦略の実践と検証をいくつもの領域と階層にわたり、実施してきた。

アスリートやチームは、強化の最前線という領域で勝つために行うべき情報戦略について思考錯誤を繰り返し実施している。この領域の階層では、コーチが意思決定者であるアスリートへ情報戦略を実施する場合から、強化委員が意思決定者である強化委員長へ、強化委員長が意思決定者である強化本部長や強化担当理事へ情報戦略を実施する場合まで、さまざまなケースがある。

また、競技現場においてはスポーツ医科学スタッフが、アスリートにとって有益な情報を持っていることも多い。トレーニング中と試合の現場での意思決定者はコーチである。スポーツ医科学スタッフは、コーチが正しい判断と決断をするために情報戦略を行うこともある。

たとえば、科学スタッフがコーチに練習時のビデオ撮影と情報フィードバックの有効性について他競技の成功例を説明し、導入に至った経緯はこの典型的な事例の一つである。

私たちは統括組織という領域では、国際総合競技大会（オリンピックやアジア競技大会）で情報戦略を実施してきた。

さらに国家レベルでは、新しいスポーツの役割を模索し「国家戦略としてのスポーツ」を推進する中で、国の政策形成過程（スポーツ基本法、スポーツ基本計画、スポーツ庁創設に向けたプロジェクトチーム有識者会議、その他、政策・施策などの策定への関与）における情報戦略を実施してきた。このように「スポーツ情報戦略」には、さまざまな領域と階層での活動がある。

ここでいう意思決定者とは、アスリート、コーチ、スポーツ医科学のサポートスタッフ、強化本部長、政策決定者など広範囲に渡る。意思決定者は、提供された情報のすべてを使

## 図表04 スポーツでの意思決定の領域と階層

スポーツにおける情報戦略を実施する場は、さまざまな階層と領域がある

| | 【国家レベル】 | 【統括組織など】 | 【強化現場】 |
|---|---|---|---|
| | 例）<br>政府<br>文部科学省<br>スポーツ議員連盟<br>与党スポーツ立国調査会<br>スポーツ青少年局など | 例）<br>日本スポーツ振興センター<br>日本オリンピック委員会<br>日本体育協会<br>日本スポーツ障害者協会<br>日本レクリエーション協会<br>など | 例）<br>水泳、体操、柔道、<br>レスリング、陸上、フェンシング、卓球、サッカー、<br>バレーなどの各競技団体<br>強化部門 |
| S意思決定層 | 各領域の中で最終決定を行う階層 | | |
| Intelligence | | | |
| A意思決定層 | 各領域の中で比較的重要な決定を行う階層<br>※階層の中で意思決定を行う場合もあれば、Sの意思決定層に情報を上げる場合もある | | |
| Intelligence | | | |
| B意思決定層 | 各領域の中で比較的現場に近い階層<br>※階層の中で意思決定を行う場合もあれば、Aの意思決定層に情報を上げる場合もある | | |
| Intelligence | | | |
| C意思決定層 | 各領域の中で現場の階層<br>※階層の中で意思決定を行う場合もあれば、Bの意思決定層に情報を上げる場合もある | | |

う場合もあれば、一部分だけを使う場合もある。

また、時間をかけて作成された情報も、意思決定者が目を通した後に不必要と判断をされ、日の目を見ないことも少なくない。

意思決定者にとって本当に必要な情報は、勝利という目的達成をするためのものである。意思決定者が、目的達成をするために有益と判断した情報のみを使って実行を試みるのは当然であり、情に流されて判断を誤ることがあってはならない。また、情報戦略スタッフや部門が意思決定者に変わって判断や決断をすることはない。

本来、情報戦略は、意思決定者が目的を達成するために必要な情報に関心を持

て成り立つ。すなわち、情報戦略部門に依頼をし、情報戦略スタッフやグループが情報を提供することによっ

しかし、これまでのトップスポーツにおける意思決定者を取り巻く環境は、情報戦略を必要としてこなかった。その理由は、責任の所在が明確でないため、大会終了後に誰もが納得する総括や勝因、敗因の分析をもとに記者会見をする機会を持たなかったし、持つ必要もなく責任をとることもなかったからである。

本来、意思決定者は、時々刻々と変化する戦況の中で、多角的にアスリートやチーム、そして組織が置かれた状況を冷静に分析したうえで判断し、決断をくだす必要がある。その理由は明確だ。

意思決定者にはすべての責任があり、大会終了後に結果の総括をしたうえで自らの進退を決定することが求められるからである。意思決定者には、より質の高い情報を提供する仕組みが必要となるわけだ。

また、意思決定者は、練習、試合、大会、その他、フィールド外でも多くの情報に関心を持つための高い欲求が不可欠である。しかし、すべての意思決定者が情報に関心を持っているわけではない。そこで、以下の点が重要となる。

情報戦略の一連の過程では、情報を提供する側が意図的に周囲で起こっている状況を意思決定者に伝えることもある。さらに、情報を読みたくなるしつらえ、理解しやすい情報

の作成、情報を提供するタイミングなども重要なポイントとなる。

たとえどんな重要な情報であっても多忙な意思決定者は、大量のレポートなどをこと細かく読み込む時間がないことが多い。そこで必ずA４一枚の要約を準備することが重要である。その中には、根拠となる数値や重要なポイントなどを明確に整理し、容易に理解できる工夫が必要だ。そのうえで本レポートへと入っていけるようにストーリーを作ることが大切であろう。

## 「現場依存の限界」を知った日本のスポーツ界

私たちは、多くの国際競技力向上の場で情報戦略を実施してきた。その一つとして諸外国で実施されている最新のスポーツ医科学のサポートに関する情報も提供してきた。たとえば、リカバリー（回復）に関する冷水と温水を繰り返す交代浴の利用について、強豪国がオリンピック期間中にどのように活用しているかを意思決定者が理解できるように伝えてきた。同様にリカバリーフード、リカバリードリンクなどの最新の研究情報も合わせて提供してきた。

さらに、各国の実力把握[注6]に関する情報、オリンピックにおける各国の選手村に関する情報、諸外国のメディア情報、オリンピック・パラリンピック招致に関する情報、政策形成

注6
オリンピック前に世界選手権などで国際大会の成績（定量数値）をもとに専門家の意見を加え、分析（定性的分析）をして出した実力一覧。

過程に関係する情報も提供してきた。

しかし、すべて最初からうまくいったわけではない。日本のスポーツ界は、長い間、現場のアスリートとコーチの努力のみによって支えられてきた。そのため多くの問題を抱えている。その大きな要因は財源と一部の関係者だけで組織を運営してきたことにある。スポーツ医・科学・情報に関わるスタッフを強化合宿、海外遠征、世界選手権に帯同させるだけの財源が多くの競技団体で持っていなかった。また、一部の関係者だけで組織を運営し、外部の有識者を受け入れる体制が整っていなかったことも要因の一つである。

このような背景の中で日本の競技団体、統括組織は、世界選手権、ワールドカップ、そして国際総合競技大会であるオリンピックの価値が大きく変化し、国家レベルでの競争がはじまっていることに目を向けることができなかった。その結果、メダル獲得率[注7]は1976年モントリオールオリンピックの3・5%から、1996年アトランタオリンピックの1・7%へと急速に低下していった。

注7
「当該国のメダル獲得数」÷「全競技種目のメダル数」×100で表した値。

## メダル獲得のために見直されたトップスポーツ政策

メダルの獲得率だけが評価のすべてではないが、これらの事態を重く見た国が、ようやくトップスポーツの政策に目を向けた。それが2000年に策定された「スポーツ振興基本計画[注8]」である。

スポーツ振興基本計画では、国際競技力向上策としてスポーツ医・科学・情報の活用について触れられることになった。

現在は、２０１１年に制定された「スポーツ基本法[注9]」に則り、今後の我が国のスポーツ施策の具体的な方向性を示す指針として「スポーツ基本計画」が２０１２年に策定され、スポーツ立国の実現を目指し、国家戦略として取り組むに至っている。

具体的な策として２００８年度からスタートしたスポーツ医・科学・情報面の支援である「マルチサポート事業」は、当初3億円からスタートし、２０１４年度では28億円の支援となっている。一方、強豪国と言われるアメリカ、中国、ロシア、イギリス、オーストラリア、カナダなどは、トップスポーツの価値を広く認め、オリンピック招致を含むスポーツ政策に多大な財源を投入している。また、最新のサポート活動もいち早く展開してきた。

一例であるが、２０１２年ロンドン大会を招致し、成功させたイギリスの２０１３〜２０１７年のトップスポーツ（夏季競技）の予算は、約６００億円である。日本はマルチサポート事業と強化費を合わせても、わずか年間約54億円である。そのため最も強化活動として必要な海外での合宿や、国際大会への参加数を減少させなければならない。

これらのことからトップスポーツでは、強豪国と競い合い、メダルを獲得するためには

注8
スポーツ振興法の規定に基づき２０００年９月に文部大臣告示として策定された。

注9
スポーツ振興法を50年ぶりに全部改定し、スポーツの基本理念と国および地方公共団体の責務を明確化した法律。

スポーツ政策という分野にも関与していく必要があることが理解できるであろう。

２００８年の北京オリンピック以降、私たちは各国の強化担当組織とミーティングを行い、そのコミュニケーションの中で多くのことを学んできた。たとえば、彼らは意思決定者に強豪国の情報を提供するだけでなく、ヨーロッパという地の利を活かして、多くの国際大会と国際会議に参加し情報収集を行うと同時に、各組織のキーパーソンと自国の意思決定者とのミーティングを設定した。

そして、フェースツーフェースの関係を構築する機会を作り、国際オリンピック委員会や国際連盟の動向に関する情報に直接触れる機会を提供していた。この一連の過程も情報戦略の一つである。

情報戦略は、情報を意思決定者のオーダーにもとづいて提供するだけではなく、意思決定者が情報に関心を持つしつらえを作り、情報への欲求を高めることも重要となる。

# 5 トップスポーツで駆使される情報戦略

## 「戦略・戦術」「ジュニア育成・指導者講習」に情報を活かす

現在、トップスポーツにおいて情報戦略は幅広く活用されている。トップスポーツの最前線である競技現場では、アナリストと呼ばれる分析スタッフが球技系（サッカー、ラグビー、バレーボール、野球など）で情報戦略の一旦を担っている。しかし、情報戦略の活用はそれだけではない。総合競技大会における戦略構築から団長、総監督への情勢分析も担っていて、さらには、政治の世界にも進出している。

しかし、私が伝えたいのは、トップスポーツの一面で繰り広げられている競技分析に関する情報戦略だけではない。私は、日本オリンピック委員会や独立行政法人である日本スポーツ振興センターでの活動、スポーツ庁の設置、スポーツ基本法の設立、スポーツ基本計画の策定、オリンピック・パラリンピック招致などのスポーツ政策立案過程に関する活動まで幅広く網羅している情報戦略に関して、ビジネスやその他の世界で活用してもらうために情報を提供したいと考えている。

そこで、トップスポーツの世界で幅広く活用されている情報戦略について、その誕生の過程と経過を紹介したい。

1997〜2000年、ラグビー日本代表の新監督に平尾誠二氏が就任した。同時に日本ラグビー協会では、強化推進プロジェクト「ジャパン・プロジェクト」[注10]が始動した。このときにメディアなどでも話題になったのが、テクニカル部門（＝情報戦略グループ）であった。

チームが勝つための情報収集・加工・分析・提案を行うだけでなく、モチベーションビデオの作成からチームミーティング時における場の雰囲気作りまでも手がけていたと言われている。このテクニカル部門の活動は、アナリストの分析活動に重点を置く球技系の競技で、異色の存在であったと言えるであろう。

日本オリンピック委員会では、球技系プロジェクトが1998年に立ち上がり、サッカー、ラグビー、ハンドボール、バスケットボールの主要スタッフが集まり、プロジェクト会議を開催して多くの情報共有が行われた。2000年度の球技系サポートプロジェクトの活動報告では、ゲーム分析・スカウティング、ゲームフィットネス、ルール&レフリ

注10
日本ラグビーフットボール協会が日本代表チームの強化を主軸に、日本代表チームを支える組織を新たに編成し、整えて進められたプロジェクト。

ング、強豪国の強化背景に関わる要因分析が取り上げられていた。

このときに実施された競技間の連携で得た知識の共有が、今日も活かされている。その一つが、日本サッカー協会の中に設置されている「テクニカルハウス」である。ここでは、各年代チームのアナリストが所属していて、世界の情報を蓄積し、主要な国際大会において独自の分析を加えた「テクニカル・レポート」を作成し、配信している。さらに、2年に一度開催される「フットボールカンファレンス[注11]」もテクニカルハウスが大きく関与している。

日本のサッカーは、情報の収集・加工・分析・提供のシステムを整備することで飛躍的に世界の情報が国内の隅々まで行き届くようになった。

現在、競技団体の情報戦略スタッフや情報戦略に関わる部門は、試合や大会の分析を行い、戦術・戦略の立案に有益となる情報の提供をさまざまな形で行なっている。また、これらの分析情報を通してジュニア層の課題を明確に位置づけて、育成面や指導者の講習会にも活かす役割も担っている。

注11
日本サッカー協会が主催し、種別、指導対象、ライセンスを問わず全国の大勢の指導者が一同に会し、世界のサッカーの動向に関する情報を共有する唯一の場であり、2年に1回開催される。

## 「遠藤レポート」がスポーツ庁設置への布石を打った

日本オリンピック委員会で、情報戦略に関する活動が正式に行われたのは2000年代に入ってからである。2000年に文部省（現文部科学省）から出された「スポーツ振興基本計画」に則り、日本オリンピック委員会では国際競技力向上プランである「JOCゴールドプラン」を2001年に作成した。その中で「情報・戦略プロジェクト」を設置した。

情報・戦略プロジェクトは、日本オリンピック委員会のシンクタンクとして位置づけられ、発展的な解消を繰り返した。2014年現在、情報・医・科学部会に「情報戦略部門」として位置づけられている。

2001年10月国立スポーツ科学センターは、我が国の国際競技力向上をスポーツ情報・医・科学面から支える機関として開所された。2000年に出された『スポーツ振興基本計画』によれば国立スポーツ科学センターは、①トップアスリートへの情報・医・科学支援、②国際競技力向上のための実践的研究の推進体制の構築、③国際競技力向上のスポーツ情報戦略機能の構築が、主な役割と明記されている。

同センターには、我が国のスポーツ界初の情報部門としてスポーツ情報研究部が設置された。同センタースポーツ情報研究部は、日本オリンピック委員会情報戦略部門と連携し、オリンピック競技大会などで情報による後方支援を実施してきた。

現在、同センタースポーツ情報研究部は、母体である日本スポーツ振興センターの改組で、発展的な解消を行い、日本スポーツ振興センター情報・国際部に吸収された。その中で日本スポーツ振興センターロンドン事務所および日本スポーツ振興センターラフバラ大学政策情報研究拠点センターと連携し、スポーツ政策の立案と国際ネットワーク拡大や連携プロジェクトの構築・推進、国際情報の収集に努めている。

２００６年12月、遠藤利明文部科学副大臣（当時）は、自身の私的諮問機関「スポーツ振興に関する懇談会」を立ち上げた。これまでスポーツの政策過程に関しては、文部科学省主体で行われ、スポーツ界側が政策過程の中心に入ることがなかった。しかし、副大臣の私的諮問機関という形での政策過程に、これまでスポーツの情報戦略を推進してきた私たちが参画した。

トップスポーツを日本の国家戦略としてまとめた通称「遠藤レポート」

その後２００７年8月、遠藤氏は、「『スポーツ立国』ニッポン国家戦略としてのトップスポーツ」（通称「遠藤レポート」）をまとめた。

その内容は、スポーツ省（庁）・スポーツ担当相の新設、スポーツ関連予算の充実、スポーツ振興法の改定、国内スポーツ界全体を統括する組織「日本スポーツコミッション」（仮称）の設立、情報戦略部門を担う「スポーツ情報戦略局」（仮称）の設置、そしてオリンピックをはじめとした国際競技大会に国家戦略として取り組む必要性などであり、我が国がスポーツの振興に責任を持って取り組むことを求めるものだった。このレポートの作成が今、話題のスポーツ庁設置につながっている。

『遠藤レポート』は、文部科学省の官僚が主体として作成されたものではない。私たちが意思決定者である遠藤元副大臣に情報（Intelligence）を提供し、政策立案過程に関わる判断と行動に関与していた。つまり、これらの一連の過程の中で私たちは情報戦略を実施していたことになる。

## 「政治家への陳情」から「プレーヤーズ・ファースト」発想へ

その後、自由民主党（自民党）の政務調査会[注12]内に設置された「スポーツ立国調査会」スポーツ議員連盟（スポーツ議連）の中に新たに設置された「新スポーツ振興法制定プロジェクトチーム」と「新スポーツ振興法制定プロジェクトチームアドバイザリーボード」へも私たちが参画していったことは、情報戦略の新たな活動の場を構築していくことにつながったと言えるであろう。

さらに、２００７年11月、スポーツ議連の中に「新スポーツ振興法制定プロジェクト

注12
自民党の国会議員と総裁が委嘱した学識経験者で構成され、党の政策調査と政策立案を担当し、審議決定をする機関。

図表05 遠藤レポートは何を変えたのか（概念図）

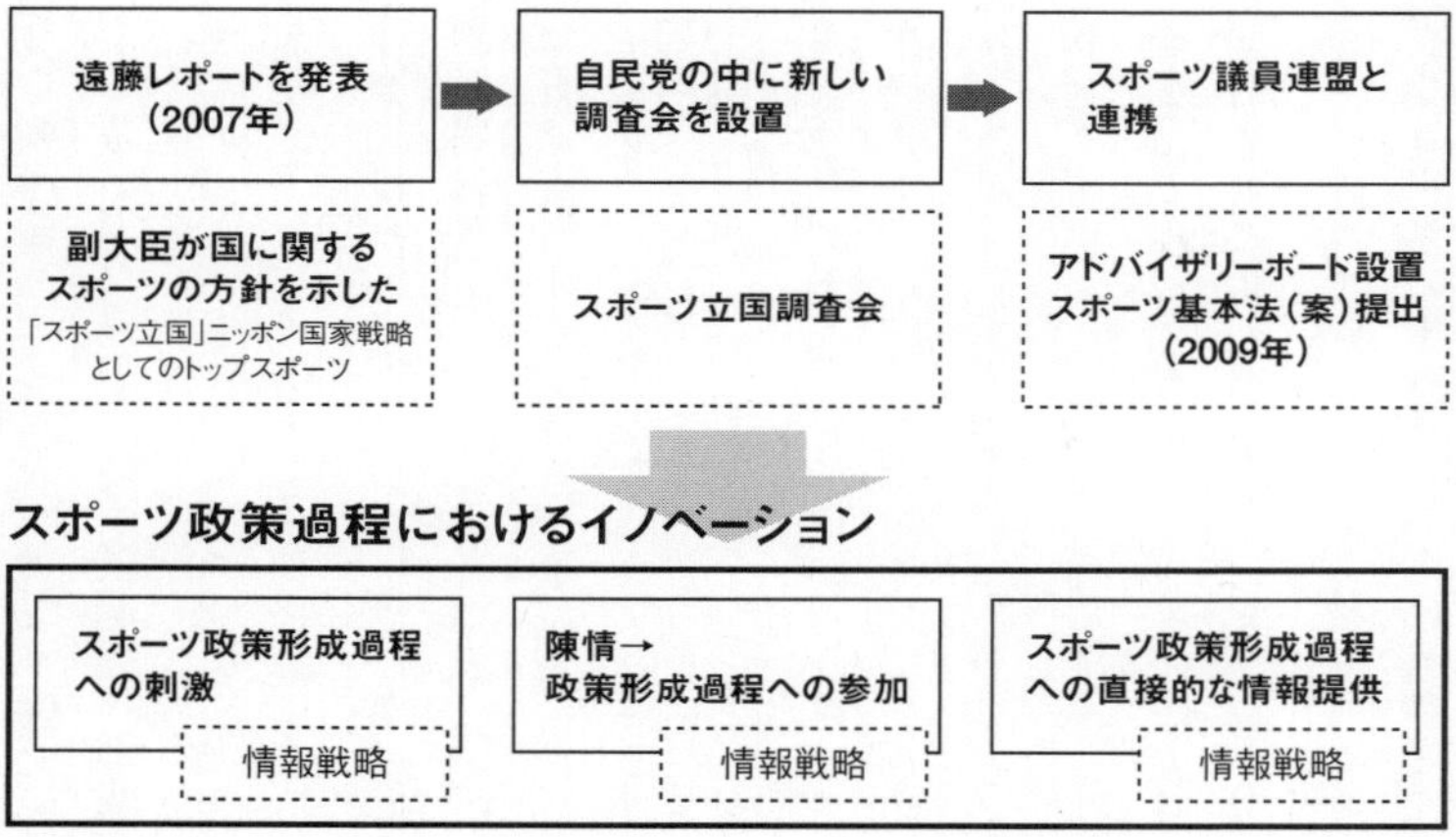


チーム」が発足した。そして、「新スポーツ振興法改定プロジェクトチーム」には、スポーツの専門的な見地からアドバイスを実施する「アドバイザリーボード（顧問委員会・監査役会）」も設置された。

アドバイザリーボードは、中央教育審議会の保健体育審議会と違った形の意見を収集する組織として機能していくこととなった。その中で、スポーツ界待望の『スポーツ基本法』が２０１１年６月に成立された。これにともない２０１２年３月、日本のスポーツにおける中期計画となる『スポーツ基本計画』が策定された。

この一連のスポーツ政策に関する流れを検証したとき、『遠藤レポート』作成過程で私たちの参画は、スポーツ政策過程に大きな変革をもたらした可能性が考えられる。

それまでスポーツ界からの政策過程への関与は、審議会での発言や、政治家や政党への陳情という形をとっていた。しかし、遠藤レポート策定で私たちが参画したことは、その後の日本体育学会、スポーツ社会学会によるスポーツ政策研究、シンポジウムの開催や笹川スポーツ財団が「スポーツシンクタンク宣言」などの流れを作るきっかけになった。

文部科学省は、「トップアスリートが世界の強豪国のアスリートに伍し、メダルを獲得できるように支援する具体的な改善方策について、『プレーヤーズ・ファースト』の観点から、現場のニーズに即した迅速な検討を行う」ことを円滑に進める役割を担う目的で鈴木寛副大臣（当時）直轄の組織として「2012ロンドンオリンピック強化支援の検討に関する懇談会／通称：タスクフォース」を2011年4月に設置した。

タスクフォースの役割の一つとしてマルチサポート事業[注13]の推進があった。マルチサポート事業は、大きく二つの事業に分けることができる。

一つ目は、アスリートサポート事業。二つ目は、研究開発事業である。文部科学省は、委託先を公募し、その結果アスリートサポート事業を日本スポーツ振興センターが受託し、研究開発事業を筑波大学が受託した。タスクフォースは、「プレーヤーズ・ファースト」の観点からマルチサポートにおける二つの事業を円滑に推進することも担っていた。

タスクフォースの中心メンバーにも私たちが選出された点は、スポーツ政策の形成過程

注13
スポーツ医科学情報を活用した、アスリート支援事業（アスリート支援事業、マルチサポート・ハウス事業）、研究開発事業の二つからなる文部科学省の委託事業。

に情報戦略という考え方が不可欠なものへと定着してきている可能性がうかがえる。

現在、スポーツ庁設置に向けた準備が国会で進んでいる。情報戦略を推進してきた私たちは、超党派スポーツ議員連盟「今後のスポーツ政策のあり方検討とスポーツ庁創設に向けたプロジェクトチームの有識者会議」のメンバーとして活動を継続してきた。おそらく2015年秋に設置が予定されているスポーツ庁の設置に関しても、何らかの形で情報を提供していくことになるであろう。

このようにスポーツの情報戦略は、トップスポーツの最前線からスポーツ政策形成過程まで幅広い分野で駆使されている。

現在、ビジネスの世界で、コンサルタントの活用は日常的となっている。その中で成功する企業は、コンサルタントを使う必要があるのかどうかを判断する機能と、それを使いこなせる自社内の機能を持っている可能性が高いのではないだろうか。

トップスポーツの世界では、今までこれらの部分を情報戦略部門が担ってきたのである。

これらのことから、ビジネス界においても情報戦略部門を設置することは、有益となり得る可能性があるのではないだろうか。

# 6 時代の半歩先を行く

## 優秀なコーチは「結果」と「原因」をセットで考える

トップスポーツの世界では情報を最大限に駆使して強豪国と熾烈な戦いを行なっている。現代のトップスポーツの世界は、一昔前の汗と涙と根性で語られた時代から、最新の情報を駆使した知的な戦いへと変化している。その中で世界のライバルに差をつけ、常に勝ち続けるためには、ライバルや時代の半歩先をいくことが求められている。

ビジネスの世界では、多くの経営学に関する書籍が指南書として読まれている。しかし、その理論を実際に実践しようとすると、むずかしいことが多いのではないだろうか。そうした書籍で示された理論を活用するには、最新の情報を自分たちの身のまわりの事例に当てはめて考えることで理解がしやすくなる。

そこで、ナレッジ・マネジメント（個人の暗黙知を組織の形式知に変えていくというスパイラルをまわすことで新たな価値の創出力を上げる手法）の理論活用について、情報戦略にもとづくトップスポーツのコーチングを事例として紹介したい。

アスリートが意思決定者である場合、コーチは情報を提供する側となる。コーチは、アスリートが理にかなった判断と決断をするためにさまざまな形で情報を提供している。

一般的に多くの事象は、「結果」と「原因」によって成り立っている。ビジネスの世界でも、利益を上げられる人と上げられない人がいる。そこには、利益を上げている、上げていないという結果と、その原因が必ず存在している。しかし、上司はその理由を明確に説明し、理解させてビジネスの現場に送り出しているのだろうか？

トップスポーツの世界も、「結果」と「原因」から成り立っている。たとえば、試合が終わった後、勝者と敗者が決まりそれぞれの結果が出る。良いコーチは、この過程を的確にアスリートに「振り返り」をさせるとともに説明をする。勝った結果を踏まえ「なぜ勝てたのか」について問い、原因を明らかにしていく。また、負けた結果を踏まえて「なぜ負けたのか」について問いかけ、原因を明確にすることで、次回の戦いに備える。

さらに良いコーチは勝敗だけでなく、試合内での個々のパフォーマンスについて「結果」と「原因」についてアスリートに問い、考えさせる。つまり、優秀なコーチは「結果」と「原因」について詳細に説明する能力を兼ね備えていることが理解できるであろう。

たとえば、なぜ、技がかからなかったのか。なぜ、シュートが決まらなかったのか。なぜ、打たれたのか。なぜミスをしたのか。アスリート自身が100%納得のいく完璧なパフォーマンスができることはほとんどない。しかし、アスリートは常に100%を求めて日々トレーニングを実施している。そのために、毎回の結果に対する「原因」の追求が重要となる。

どの競技・種目も年々進化を続け、中には10年前と大きく競技・種目の構造が変わったものも少なくない。その中でアスリートに求められる資質も変化している可能性が高い。さらに、アスリートの進化とともにサポートスタッフとマテリアルなども日進月歩で進化している。その中でコーチングにおいても同様に進化が求められている。

これまでコーチングは、芸術と同様に暗黙知を重視してきた部分がある。日本で知識経営の第一人者である野中郁次郎氏は、「暗黙知（tacit knowledge）は、非常に個人的なもので形式化しにくいので、他人に伝達することはむずかしい。主観にもとづく洞察、直感、勘が、この知識のカテゴリーに含まれる。個人の行動、経験、理想、価値観、情念などにも深く根ざしている」「暗黙知は技術的側面と認知的側面の二つの側面を持っている」と述べている。

一方、「形式知（explicit knowledge）はコンピュータ処理が簡単で、電子的に伝達でき、データベースに蓄積できる。しかし、主観的・直観的な暗黙知を、体系的・論理的に処理したり、伝達したりすることはむずかしい」としている。さらに重要な点として、暗黙知を組織内部で伝達・共有するには、誰にでもわかるように言葉や数字に変換しなければならないとしている。

このことをトップスポーツの中で考えてみたい。トップスポーツという特殊な場では、多くの暗黙知と言われる情報が存在する。「すっとかわして、ぱーんと打て」「あいつは、骨ぢからがある」「腰で打て」「へそで投げろ」などである。

その暗黙知をもとに多くの一流コーチは指導を行なってきた。さらに、職人が自らの技術を伝承するかのように、コーチングの技術を若いコーチに伝えてきた。しかし、近年トップスポーツの世界にも、スポーツ医・科学・情報のサポートが加わり、その様相が変化している。スポーツ医・科学・情報を取り入れた結果として、暗黙知を形式知化して提供する試みが多く行われている。

## 「暗黙知」を「形式知」に変える試み

暗黙知から形式知に情報を変換するには、多くの過程を経る必要があることが経営学の分野で広く認識されている。経営学では、暗黙知と形式知に関する四つの基本パターンについて以下のように示されている。

①暗黙知から暗黙知へ、②形式知から形式知へ、③暗黙知から形式知へ、④形式知から暗黙知へ。さらに、経営学の分野ではこの四つの基本パターンからあらゆる組織におけるケーススタディーをもとにした知識の創造が成されてきた。

トップスポーツでは、ベテランのコーチがアスリートに対して技術を教えることがある。自ら技術を実行して見せ、次にアスリートに実行させたうえで修正を加える。この過程で一流コーチが持つ暗黙知をアスリート自らの身体を使って伝えることになる。さらに、そのコーチングを若いコーチが観察し、考え、暗黙知であるコーチング技術を修得するために反復を繰り返す。その結果、ベテランコーチが持つ暗黙知を若いコーチが継承することになる。この一連の過程はナレッジ・マネジメントでは、「共同化（Socialization）」と呼ばれ、暗黙知から暗黙知への伝承と定義されている。

現在、多くの競技団体では映像を活用した取り組みを行なっている。代表的な取り組みは戦術と技術の分析である。この過程ではいくつかの分析ソフトが活用される。「Sports Code（スポーツコード）」[注14]もその一つである。映像の分析と編集に優れ、球技系の競技でよく活用されている。サッカーでは、各選手のパスやシュートの回数を試合の観戦中にパソコンで記録し、その映像を瞬時に抜き出し編集して数秒単位から数分単位のシュートのシーンだけの映像も作成することもできる。さらに、映像だけでなく数値化したデータの分析にも優れ、多種多様なグラフや表（シュートやパスの回数など）を蓄積した

注14
オーストラリアのSportstec社によって開発されたソフトである。対戦相手の戦略について非常に洗練された分析をし、しかもそれをすぐに自チームの戦術にフィードバックできるように、映像とデータの管理が簡易にできるのが特徴（ソフトをインストールしたパソコンとビデオカメラをつないで使う）。

データから作成することができる。
「スポーツコード」で分析した映像は、コーチとアナリスト（分析スタッフ）が討議することで、さらに加工されてアスリートにフィードバックされる。これが「連結化(Combination)」の過程であり、断片化した形式知は新たな全体的な知識（形式知）へと変わる。データを重んじる現在のバレーボール界では、「データバレー（イタリア製）」というソフトを使い、多くの国内外のチームが分析を行い、何層にもまたがる形式知の「連結化」をし、コーチやアスリートにタブレットやパソコンを使ってフィードバックしている。

最新のＩＴ機器やソフトを活用することは、現在のトップスポーツの世界では日常的になっている。しかし、もっとも重要なことは、どの視点で試合や練習を見るのかということである。

競技に関わらず一般的には、試合において得点が入った場面や得点に絡む場面に興味を持つ人が多い。しかし、重要なことはその場面の前、もしくはその前の前のそれぞれのアスリートの動きがポイントになることが多々ある。これらのことからサッカーをはじめとした競技系のスポーツでは、オフザボール（ボールを持っていないとき）の動きを重視し、コーチングを行うことがある。また、柔道やレスリングにおいても技が決まった場面ではなく、技をかける前の崩しの場面を重視することは、コーチの中では当然の視点である。

これらのことを考慮し、試合や練習の映像についてもどの部分を編集するかが重要であり、編集の手法は二次的なものであることが明らかとなる。

つまり、本質が抜け落ちた形だけの見栄えのよい情報は、意味をなさないことを理解しなければならない。あくまで映像の編集に関してオーダーを出すのは、アスリートであり、コーチであることを忘れてはならない。

「共同化（Socialization）」の過程を経て、身につけた暗黙知を多くの人が理解できる形にするためには、文章化する必要がある。スポーツの世界では、多くの競技で一流コーチが技術書を発行している。コーチは、自分の持っている暗黙知を技術書という形にするために言語化を図ることになる。これは、暗黙知を形式知に変える一つの方法であり「表出化

**図表06 コーチングにおける「暗黙知」と「形式知」の活用**

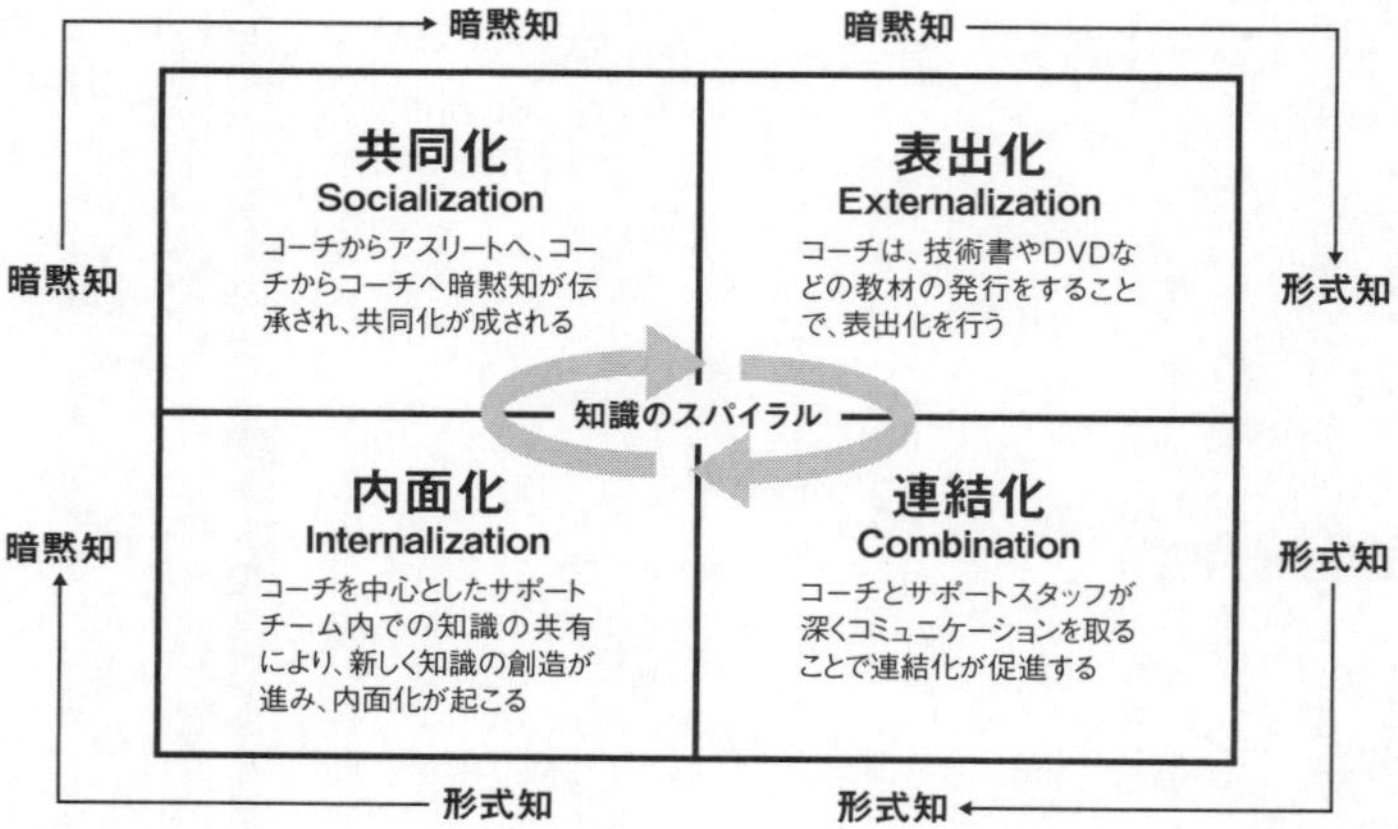

(Externalization)」と言われている。現在は技術書にＤＶＤなどの映像がともなうものもある。

サッカーをはじめとしたラグビー、バレーボール、ハンドボールなどの球技系競技だけでなく、最近では柔道、レスリング、フェンシングなどの格闘技系の競技でも、普及・育成・強化の一環として基本技術に関する教材や世界選手権の映像を編集したＤＶＤなどを作成し、広く配布されている。

## 競技の「進化」と「深化」を生むカタチ「チーム○○○」

近年トップスポーツの世界では最新の科学技術の導入による競技の進化により、アスリートとコーチだけでは勝てなくなっている。その中で多くの一流アスリートが、チーム○○○を作り共同体として競技に臨む時代になっている。チームキム・ヨナ、チームボルト、チーム浅田、チーム北島らがその一例である。

これらのチーム内では、コーチをはじめとした映像分析、運動生理学、スポーツ栄養、スポーツ心理などの一流スタッフが持つ「暗黙知」と「形式知」を共有することで、チーム内に新たな共通の暗黙知を共有していくことになる。この過程は「内面化(Internalization)」と言われている。

これらの四つの基本パターンをスパイラル状に繰り返していくことで知識の創造が成されていく。

この過程は、ビジネスとトップスポーツで類似していることが理解できるであろう。つまり、ナレッジ・マネジメントの理論をトップスポーツで活用することができるということである。

現在のトップスポーツにおけるコーチングは、競技の進化とともに進化と深化を繰り返し時代の半歩先をいく努力を重ねている。その中でスポーツ以外の他分野の情報も活用して、戦略を構築することでライバルに勝つ可能性が高くなる。

近年のトップスポーツでの戦いは、中長期的な戦略にもとづいた育成と強化の中で最先端のテクノロジーやスポーツ医科学の活用が不可欠となっている。

このことは世界のスタンダードであり、強豪国はいずれも実施している。その中でわずかな差を生み出し勝利を得るため、スポーツ以外の分野であるセンサー技術、最先端医療科学、ナノテクノロジー、宇宙工学などからの情報と実践的な活用も行われている。

# PART 3

# 最新情報はどこに眠るのか?

## 情報の可視化に挑む

# 1 情報の可視化で見えてきた課題

## 事実から何を導き、それをどう活かすのか？

２０１４年サッカーワールドカップ（ブラジル大会）は、ドイツの優勝で幕を閉じた。日本は当初の期待と裏腹に、残念ながら予選リーグ敗退という結果に終わった。優勝したドイツは、国際サッカー連盟（ＦＩＦＡ）で２０１３年度の世界ランキングが２位、一方、日本は47位であった。

私はサッカーの専門家ではないのでＦＩＦＡランキングを見ることはほとんどない。また、見たとしてもそこで何が起こっているのかを予測することはできない。しかし、情報の可視化（見える化）には大変興味を持っている。そこで、ＦＩＦＡランキングをもとに情報を探る手法を紹介したい。

ドイツと日本のFIFAランキングを15年間追っていくと興味深いことに気づく。ドイツは2006~2014年までランキングが1~6位の間で推移している。同じく日本は19~48位と浮き沈みが激しい。さらに2000~2005年を見ていくと、ドイツは4~19位と振れ幅が大きくなる。一方、日本は15~38位の間を推移している。

この中で興味深いのは2004年と2005年であり、この2年間は日本がドイツよりランキングで上位に位置している。2004年は日本が17位、ドイツが19位。2005年は日本が15位、ドイツが16位であった。ランキングシステムの変更による影響を考慮しても興味深いデータである。

これを一覧表もしくはグラフにすると一目瞭然となり、可視化することができる。私の場合、このデータから2004年と2005年に着目することができれば、自分の強みを活かし、これまで培った競技団体とのネットワークを活用して専門家の意見をもとに新たな情報を収集することはむずかしいことではない。その先には、当時の日本の実情や、それにともなう育成システムの情報（Intelligence）にたどりつく可能性が高くなる。

ところで、日本サッカー協会は三位一体の戦略として、代表の強化、指導者の養成、ジュニア世代の育成を掲げてきた。これに地域での普及を追加して基盤の強化を推進している。その中で全国を9ブロックに分け、さらにブロック内を細かく分割して実施しているジュニア世代からの一貫した育成は、ナショナルトレーニングセンター制度として他の競技団体のモデルとなっている。この制度で育成され日本代表へと上がり活用をしたのが、２００４年から２００５年当時の主力メンバーである。

一方、ドイツに着目すれば２００６年にはワールドカップ開催国として3位に入っている。また、２００２年のワールドカップでは、準優勝をしている。しかし、２０００年以降で最も悪いランキング結果が２００４年、２００５年であることからドイツサッカーのターニングポイントはこの前後にあることが予想できる。

ここまで来れば情報収集の焦点化ができ、同様に自分の強みを活かして「Intelligence」を探し出す可能が十分に整う。

実際にドイツは２００２年日韓ワールドカップで準優勝をした後、世代交代に失敗し、２００４年、２００５年の低迷につながった。しかし、その低迷を絶好の機会ととらえて育成システムの改革を推進したことで、２０１４年ワールドカップ優勝に至った。

真実は専門家の分析に任せるとして、ここで重要なことは視点を変えて情報を可視化することで新しい情報にたどりつき、次に得た情報を自分の持つネットワークを活かして、さらに新たな情報と結びつけることで有益な「Intelligence」となる可能性が高まる。

イギリスは政治、経済、国際、そしてスポーツという分野において、日本より情報の重要性を理解している。そのイギリスには、"It is not What you know, It is Who you Know in the world."（どんな情報を知っているかというより、世界の中でどんな専門家を知っているのかが重要である）という諺《ことわざ》がある。一方、日本ではネットワークや連携の必要性についてよく言われているが、本当にネットワークの構築や連携を行うためには、自分たちに有益な情報がないと関係を継続できないということを理解している者は少ない。

科学の世界では、データにもとづいて仮説を立てて読み解いていくことが基本であり、データから何を読み解き、何を導き出していけるかが科学者の能力の一つである。つまり、データの質がすべてを決定づけるのが科学の世界である。

同様にトップスポーツの世界もデータから新たな情報を導きだすことは基本であり、そのことなくして直観や経験だけでは、説得力に欠けることは理解できるであろう。

次に有益な「Intelligence」にたどりつくためには、視点を変えることが重要であることは前述の通りである。しかし、どうすれば視点を変えることができるか、ここに有益な情報を探し出す課題があるのではないだろうか。

## メディア情報を疑ってみる

ここでは有益な情報にたどりつくため、視点を変える重要性について考えてみたい。

私は、なぜ国際サッカー連盟のＦＩＦＡランキングに着目したのか？

一般的に、メディアが報道する情報、特にメジャー新聞、ＮＨＫそして民放の報道番組を疑って読み、観る人は少ない。この中で私たちは、視点が統一されてきていることに気づく必要がある。

メディア情報を鵜呑みにすることで誘導されている可能性を否定できなくなってきている。私たちは情報の波に飲み込まれつつある状態とも言えるであろう。その中で、メディアで報道される内容を含めて、自分で確認する習慣を身につけることが必要な時代である。

トップスポーツの勝負は厳しい。優勝を狙う場合、前年度のランキングがベスト8以下であると、目的を達成するためにはかなり厳しい戦いを余儀なくされる。

ワールドカップ直前、多くのメディアは前回大会をしのぎ日本がベスト8、ベスト4を目指せる書きぶりであった。しかし、本当にそうなのかを自分で確認することは当然であり、そうすることでサッカーというスポーツを本当の意味で楽しみ、日本代表を真のファンとして応援することにつながる。

その意味からも本来は、ＦＩＦＡランキングの確認を行なったうえでさらに専門的な情報を収集し、現状を冷静に分析することが当然ではないだろうか。

もちろんＦＩＦＡランキングには、地域によってポイントの加算に有利と不利があることも理解しておくことは重要である。ただ、サッカーという競技の国別ランキングを大枠でとらえるには、十分に活用する価値がある。

## かなりハードルが高い「金メダル獲得世界3位」の目標

2020年には東京オリンピック・パラリンピックが開催される。招致決定後、日本のトップスポーツ界の一部では、2020年東京オリンピックにおいて金メダル獲得数世界第3位を目指すことが目標として掲げられた。しかし、この目標に根拠があるのかを確認することは重要である。なぜなら、根拠のない数値によって過度の期待をアスリートやチームにかけることは、多くの人の本意ではないはずである。

2015年2月1日から数えて、2020年東京オリンピック開催までは、約5年6カ月である。予選は一般的に各競技・種目で1年前にはじまり、遅い競技で本大会開催の約2カ月前に終了する。このことを念頭に置いて考えると、本大会に出場するアスリートやチームの顔が見えてくる。この時点で世界の中での日本の実力が明らかになってくる。もちろん、若手の台頭をはじめとした予測不可能な要因はある。しかし、冷静に客観的な指標をもとに、状況を判断していくことが求められているのも事実である。

私たちは日本オリンピック委員会情報戦略部門（当時は部会）として2006年から日本の国際競技力を客観的に把握するために、『Team JAPAN Data Book 国際競争力』を企画・立案し、各競技団体に協力してもらい発刊してきた。目的は、オープン情報をもとに世界の中での日本の実力を把握し、日本の立ち位置を明らかにすることであった。そのことでアスリートやチーム、そして競技団体をメディアの過度な報道から守りたいという意向も含んでいた。

「Team JAPAN Data Book」には仮想オリンピックとして、毎年オリンピックがあったらという仮定の下で総合金メダル獲得ランキングを掲載している。これによって世界の中での日本のポジションを把握している。

オリンピックで各国の金メダル獲得ランキングおよび数は、大会組織委員会のウェブで毎回公開されている。2000年シドニー大会後の金メダル獲得ランキングを見ていくと、1〜3位には、アメリカ、中国、ロシアが常に入っている。唯一、2012年ロンドンオリンピックにおいて、地元イギリスが3位に入り、ロシアが4位となった。

また、第3位国とその獲得金メダル数は、2000年シドニー大会が中国で28個、2004年アテネ大会がロシアで27個、2008年北京大会がロシアで23個、2012年ロンドン大会がイギリスで29個である。これらのことからオリンピックで金メダル獲得数第3位になるには、単純に考えると平均で約27個の金メダルが必要となる。

もちろん、競技・種目によっては、上位3カ国との戦いに勝つことで日本の金メダル数を増やし、強豪国の獲得数を減らすことで、総獲得メダル数が少なくても目標を達成するという戦略もある。また、2020年東京大会は、2016年リオデジャネイロ大会の306種目から310種目に4種目増加することになり、メダル獲得数に多少の変化がともなう可能性もある。

その中で現状の日本の立ち位置を正確に把握するために可視化していくことは大きな意義がある。そこで日本の2000年以降の金メダル獲得数と順位を確認すると、2000年シドニー大会では、金メダル獲得数は5個で15位、2004年アテネ大会では16個で5位、2008年北京大会では9個で8位、2012年ロンドン大会では7個で11位となっている。このことから言えるのは、2020年東京大会で金メダル獲得第3位という目標はかなりハードルが高いということだ。

紹介している事例は、決してむずかしい分析をともなうものではない。

ただここまで分析ができると、メディア情報を鵜呑みにすることなく自らの視点を持てるようになり、アスリートやチームの実力を把握したうえで真のファンとして応援することができる。

事例から示唆されることは、視点を変え、可視化した情報をもとに仮説を立て、立証のための道筋を探っていく大切さである。ただ、視点を変えるためには、真実を探求する欲求と習慣が必要である。

# 2 トップスポーツ「舞台裏」での情報戦

## 「iPad」活用で進むトップスポーツ・イノベーション

現在ビジネスの社会でデータの活用は一般的であり、中でもビッグデータの活用は大きなビジネスチャンスを生むものとして注目されている。総務省によれば、ビッグデータの特徴として、多量性、多種性、リアルタイム性などが挙げられる。さらに、ICT(Information and Communication Technology：情報通信技術）の進展により、異変の察知や近未来の予測なども可能となっていることにも言及している。

トップスポーツの世界でも、効率的にデータを活用するのが一般的になってきている。中でもビッグデータの活用は、今後のトップスポーツに大きく関わっていくことが予想される。

そこでここでは、データとビッグデータの活用について、トップスポーツの最前線を事例に紹介したい。

サッカー、ラグビー、バレーボール、ハンドボール、バスケットボールなどでは、ゲームの分析を行わない競技・種目はない。日本でも2012年ロンドンオリンピックの前後に女子バレーボールの真鍋政義監督が、「iPad」を活用し、データ分析をもとにした戦術をリアルタイムでコート上の選手に指示を出すシーンが話題になった。

バレーボールでは、アナリストと呼ばれる分析スタッフが毎試合、サーブ、レシーブ、トス、アタックなどの全プレーをパソコンとソフトを使って入力している。その結果、チームのアタック決定率、決定コース、各選手の決定率やコースまでを詳細に分析している。日本チームはこれらのデータを瞬時に無線LANを活用し、監督の「iPad」に送ることができる環境を整えている。

バレーボールでは、世界の強豪国であるブラジル、イタリア、アメリカをはじめとして世界中で「データバレー」というソフトを活用した分析が標準となっている。日本は一歩進んだ独自の方法として、このソフトで分析したデータを日本国内で開発した「VolleyPad」を活用して「iPad」とアナリストの手元のパソコンの間で画像共有ができるようになった。

バレーボールは、ルールの中でアナリストをコートエンド（両後ろ）におくことを明記している数少ない競技である。つまり、バレーボールでは、相手チームの攻撃パターンの傾向や対策を分析し、監督またはコーチを介してコート内の選手に伝える情報戦が競技の特徴の一つとなっている。さらに、試合時間内で繰り広げられるすべての局面データを瞬時に蓄積したうえで分析し、提供している。

バレーボール以外の競技・種目でも同様に環境を整えている。アメリカの４大スポーツの一つであるアメリカンフットボールでも同様に「ｉＰａｄ」を選手全員に配布し、対戦相手の戦術分析の徹底をしている。

## 「数値の客観性」がサッカーの観戦視点を変えた

ＦＩＦＡは、イタリアの「Daltatre」という企業と契約し、サッカーという競技の中で起こっている事象（走行距離、ドリブル、パス、シュート、コーナーキックなど）をデータとして加工し、提供している。これらのデータは毎年蓄積されていき、ビッグデータとして新たな活用方法が思考錯誤されることになる。

サッカーのビッグクラブでは、データを活用して勝つ確率を上げることに努めている。そのためには、多額の資金を投じて毎試合ごとに、自チームやライバルチームの分析を行なっていて、数人のアナリストを雇用すると同時に、サッカーのデータを専門に扱う会社と契約を結んでいる。

ビッグクラブが勝つ確率を上げる理由は明確である。勝つことで知名度を上げ、ファンの心をつかみ、スタジアムへと足を運んでもらう。強いチームにはテレビの放映権料とテレビスポンサー料もついてくる。

監査法人のデロイトによれば、2013〜2014年シーズンのサッカーにおけるビッグクラブの収益ランキング1位は、スペインのレアル・マドリッド（約738億円）、2位はスペインのバルセロナ（約686億円）、3位がドイツのバイエルン・ミュンヘン（約613億円）、4位はイギリスのマンチェスター・ユナイテッド（約603億円）と続く。

これらからもサッカーの試合でデータ分析することは、ただ単に試合に勝つためだけではなくビジネスと強く結びつき、高い商品価値になることが理解できるであろう。

サッカーでのデータ分析ソフトの代表的は、イギリス製のオプタ、イギリス製のプロゾーン、オランダ製のTDC、ドイツのSAPなどがあり、日本にも専門ではないがデータスタジアムという企業がサッカー専用ソフトを開発し、多くのチームが活用している。

「オプタ」は、1997年にイングランドのプレミアムリーグで採用された公式の分析データソフトである。現在は、イングランド代表チームをはじめとして主要なリーグ（イタリア、ドイツ、スペインなど）でも活用されている。分析の特徴としては、試合中に選手がボールに絡むすべての動作を分析しデータ化し、パフォーマンスを数値にして客観的な指標として表示できる点にある。

「プロゾーン」は複数のカメラを使用して0・1秒単位であらゆる角度から選手の動きを撮影しデータを収集し、分析することができる。提供データとしては、ボールの支配率（ポゼッション率）、支配の形、各選手の走行距離、走行スピード、各場面の映像などがある。

これらソフトの開発は、サッカーというスポーツにデータの重要性と数値による客観性を導入し、スポーツを観る視点を変えたと言えるであろう。また、ソフトの開発や分析が導入されたことにより、サッカー経験のない数学、統計学、社会学、行動経済学、オペレーションリサーチなどの専門家が職を得ることにつながったことは、スポーツ界にとって大きな一歩であった。

## 監督としての資質があってこそ、ビッグデータは活きる

日本では野球が最も古くからデータ管理を行なっていたスポーツである。野球は、スコアーブックをつけることが一般的であり、ストライク、ボール、アウトは常にテレビの画面上に掲示されていた。近年、そのしつらえがより進化し、球速や球種を含めてデータ化されている。さらに、データスタジアムという会社は、野球、サッカー、ラグビーという競技のあらゆるデータを蓄積や分析して配信するビジネスに取り組んでいる。これらの

データは、ファンから各プロ球団までが活用している。これもまさしくビッグデータの活用であり、大きなビジネスチャンスをつかんでいる。

このようにトップスポーツの戦いは、ビッグデータを活用した情報分析が一般的となりつつある。しかし、これらの各企業が分析した山のようなデータの中から、どの数値に着目し、どの図表やグラフを活用するのか、さらにそれらの根拠を明らかにし、どのように映像にして選手やチームに伝えて勝利の確率を上げるのかが重要となる。

また、データの収集においても、その視点がポイントとなる。こういうデータを収集して欲しい、こういうデータの分析をして欲しい、これらのデータを映像化して活用したいなど、データを使う側の監督やコーチの資質が最も重要なのである。データはあくまで監督やコーチが持つツールの一つであることを理解することだ。そして、分析・提供されたデータをどのタイミングで出すか、さらにどのような方法（映像、ペーパー、口頭など）で提供するのかもポイントである。

２０１０年サッカーワールドカップで日本代表をベスト16に導いた岡田武史元監督は、前述の分析ソフトであるプロゾーンを活用し、選手の動きの可視化に努めていたことはメディア報道からも知られている。

プロゾーンは、複数台のカメラでピッチ上を網羅して選手の位置取りをわずか０・１秒ごとに把握することができる。この結果として、試合中に選手の移動距離や移動速度などの、あるゆるデータを数値化することができる。これによって、後半に疲労してきている選手を的確に把握し、交代のタイミングもより精度が上がる可能性も考えられた。もちろん、その他さまざまな活用が行われていたであろう。

プロゾーンは2000年から、イギリスプレミアムリーグの名門アーセナルが導入していた。岡田監督とアーセナルのアーセン・ベンゲルが友好関係にあることと、プロゾーンの導入はそれと関係している可能性が高く、ここでも良質のネットワークの重要性が理解できる。岡田元監督はミーティングの中で、プロゾーンで得たデータを自在に操り持論にデータの裏づけを持たせて、選手を自分の方針に導いていったことが想像できる。

つまり、数多くのデータから勝つために必要なものだけを取捨選択し、データに振りまわされることなくツールの一つとしてデータを活用したわけである。

前述の通り2014年サッカーワールドカップにおいてドイツ協会は、ソフト会社のSAP（エーエスピー）と共同で独自の分析基盤を開発していた。ただ、分析の視点は監督のレーブが指示を出し、ミーティングなどで使用するデータの最終的な選出も彼が行なっていたことは関係者の間でよく知られている。

しかし、トップスポーツの世界はデータだけでは勝てない。分析したデータをどのように読み込んで戦術に落とし込むのか。そして最も重要なことは、その戦術を具現化できるまでアスリートやチームがトレーニングを行うことである。

# 3 オリンピックで起こっていること

## 「情報収集」をする絶好の場としてのオリンピック

2012年8月にイギリスで行われたロンドンオリンピックには、204の国・地域から約1万1000人のアスリートが参加した。日本は7個の金メダルを含む過去最高となる38個のメダルを獲得した。その結果、帰国後に行われた東京銀座のパレードでは、約50万人の観衆を集めスポーツの持つ力が改めて実感された。17日間の熱戦は毎日テレビで放映され、連日のメダル獲得に歓喜し、寝不足になった人も多かったのではないだろうか。

しかし、大会期間中にテレビ、ネット、新聞などで報道されるのは、オリンピックの表舞台のみである。オリンピックは4年に1度開催されるメジャーイベントで、そこでは各国のこれまでの最新の取り組みが披露される。その情報をいち早く収集・加工・分析して日本選手団の団長以下、役員に提供するのが私たち情報戦略スタッフの役割である。

そこでここでは、オリンピックの舞台裏で繰り広げられる情報戦について紹介したい。

私はロンドン大会において、現地のオリンピック選手村で3週間を過ごした。ロンドン大会には、選手村に情報戦略担当役員と私の2人が入った。

その中で私の役割は特定の競技・種目のアナリスト（分析スタッフ）ではなく、日本選手団の団長や役員に、日本と他国のメダル獲得状況を分析したデータや、強豪国の最新の動向（道具の開発、強化方針、強化策、リスクマネジメントなど）について情報を提供することであった。

提供する情報は、日本とロンドンのバックオフィス（東京Jプロジェクト、ロンドンJプロジェクト）が作成し、早朝にメールで送られてきていた。その中から状況に応じて適切な情報を取捨選択し、毎朝開催される役員ミーティングにおいて提供を行なった。

日々刻々と変化する状況の中で、団長や役員が欲していると思われる情報を提供するためには、選手村の状況を鑑みて東京Jプロジェクト、ロンドンJプロジェクトに必要となる情報のオーダーも随時出していた。このときに重要となるのが、視点と視野である。

大会期間中に団長、副団長、総監督と役員は、さまざまな意思決定を行うことが求められる。そのときに役立つ情報を提供することが重要となる。そこで、彼らにとって必要な情報とは何かを考えたうえで、自分の視点とは違った角度から幅広く情報を収集・加工・

分析して提供する。

そのときには、メディア側の視点、強豪国側の視点、各競技・種目団体の視点、メダルの獲得状況を客観的に観る視点、サポートを行うスポーツ医・科学側の視点、オリンピック憲章にもとづく視点、ドーピングの検査官の視点、イギリスと欧州の政治家の視点など、幅広い視点を持つことだ。

視野については、情報戦略スタッフとして大会開始から終了までを見通すことと、大会終了後から次の大会を見据えてのものまでがある。視点、視野ともに自分のこれまでの経験と感性を活かし、客観性と主観性を共存させ、状況に応じて変えることが大切となる。

## 初めて強豪国の選手団棟を訪問

日本オリンピック委員会での国際総合競技大会の情報戦略活動は、2002年に行われた冬季のソルトレイクシティオリンピック競技大会から開始された。その後、2002年の秋に開催された釜山アジア競技大会より本格的に日本選手団の中に情報戦略スタッフを参加させてきた。これまでに情報戦略スタッフが派遣された国際総合競技大会は、2012年のロンドンオリンピックを含み合計12回となった（冬季オリンピック3回、夏季オリンピック3回、アジア競技大会［夏季3、冬季3］6回）。私たちは、オリンピックやアジア競技大会などの国際総合競技大会において、情報戦略の面から総合的な支援を行う役割を担ってきたと言えるであろう。

選手村の中での情報戦略スタッフの役割は、情報を提供するだけでなく、次の大会に備えた情報の収集もある。たとえば、強豪国は選手団の重要な機能として選手村のしつらえにさまざまな工夫をしていることが、私たちの調査で明らかになった。

一般的に自分たちの居住空間が快適かどうかを確認するためには、比較対象が必要であるのは誰もが理解できるであろう。対象情報がない中での比較は決してあり得ない。

私は2004年アテネオリンピックで、初めて選手村の強豪国の選手団棟を訪問したが当時は、他国の選手村を日本のスタッフが訪れたこともなく、出かけることすらも考えられていなかった。

しかし、極度の緊張をともなうオリンピックという最高の舞台において、当然リラックスできる場の設定は必要となる。その意味からも選手村の居住区間は、選手団のための機能として重要であるのはわかるだろう。

つまり、強豪国の居住空間の情報を収集することは重要な意味を持っていた。そこで、個人的なネットワークを有していたドイツを皮切りに、飛び込みでアメリカ、イギリス、フランス、オーストラリアへと続けて訪問し、ヒアリング調査を行なった。

## 事前に快適空間を用意する強豪国

その結果、新たな事実が次々と明らかになっていった。たとえば、オリンピックの選手村は大会終了後にマンションとして売り出されることが多い。アテネオリンピックの場合は、移民の人々が暮らす居住区となることが決まっていた。おそらく大会後に補修をすることが想定され、フロアーはコンクリートがむき出しになっていた。日本選手団の棟ではそのまま使用されていたが、私が調査をした国の棟はすべて絨毯が敷かれていた。

基本的には、使用後に使用前と同じ状態にして返却されれば何ら問題はない。そこで、各国はフロアーの改築、壁の補修などを含めて17日間の大会期間中、選手団が快適に過ごしやすい状態を構築していたことが明らかになった。

また、2012年ロンドン大会の調査では、強豪国の中にはインテリア専門の業者を選手団が入村してくる前に入れて、快適空間を構築しているところもあることを知った。その他、インターネットやAV機器の環境設定などについて、専門家チームを大会の開始直前に入れて作業をしていることも合わせて把握した。このことは、スポーツ以外の専門家や企業との連携で、より有効な居住空間を整備することができ、アスリートのパフォーマンス向上に客観的に関与できる可能性があると考えられる。

さらに、強豪国はマンション形式の選手村で、隣接する国にも配慮していることがわかってきた。つまり、自分たちの居住空間を快適にするためには、隣の住人が誰であるかは大きな要因となる。

私が強豪国から収集した情報は決して機密情報ではない。しかし、日本にとっては貴重な情報であった。それはなぜか？　答えは簡単である。日本は強豪国が実際に行なっていることを何も知らなかったのである。私たちの調査で、団長・副団長・総監督・役員らの意思決定者は、強豪国の実情について把握していないということがわかった。

これまで２００４年アテネ大会、２００８年北京大会、２０１２年ロンドン大会での村内調査から選手村の居住空間が各国選手団にとって、重要な位置づけであることが明らかとなった。これらの情報についてはすべて各大会の意思決定者に報告をしている。特に、２０１２年ロンドン大会では10カ国に渡る詳細な村内調査を実施してレポートを報告している。情報のないところで比較をすることは不可能である。

## 用意周到な準備は勝つための必須条件

オリンピックは総合競技大会であり、競技・種目の単体の世界選手権とはさまざまな点で違う。たとえば、選手団の規模はロンドン大会では、選手の人数が２９３人にのぼる。レスリングの世界選手権では、三つのスタイルで代表選手が18人である。居住空間の不便、レストランの規模、移動の不自由、セキュリティーの数、メディアの注目度などを合わせて大きく異なる。

そのため事前の準備が重要となる。オリンピック期間中に強豪国は、4年後の次回大会の情報収集をしている。次にその事例を紹介したい。

2004年アテネオリンピック期間中に、ドイツと日本の役員による昼食会がドイツハウス（家族、スポンサーのためのホスピタルハウス）で行われた。団欒が進む中で、ドイツ側の役員が切り出した、「次回の北京大会直前に日本での直前キャンプを考えている。日本の中で最適なキャンプ地を紹介して欲しい」と。同席した私は、すでに4年前から大会の事前キャンプ地を探していることに驚いた。しかし、ドイツに限らず強豪国では、当たり前に実施されていることが、調査を重ねるたびに明らかとなっていった。

オリンピック期間中は、205の国・地域が一同に会する情報収集の絶好の機会なのである。この場を使えるか使えないかが、次回大会以降に大きな差を生む。

強豪国は、用意周到な準備がわずかな差を生むことをよく理解している。だからこそオリンピックという最高の舞台裏で、ネットワークを駆使して4年前から次の準備のための情報収集をしていることがわかるだろう。

# 4 オリンピック招致活動に有効な国際会議

## IOC委員と堂々と会える場が国際カンファレンス

2013年9月7日国際オリンピック委員会（IOC）総会において、東京は決戦投票で60票を獲得し、イスタンブール（36票）を破って、2020年オリンピック・パラリンピック開催を獲得したことはよく知られている。しかし、招致活動については、一般的にあまり知られていない。そこで、ここでは国際会議の舞台裏で繰り広げられる招致の情報戦について紹介したい。

オリンピック・パラリンピックの招致レースは、投票権を持つIOC委員にどれだけ自分たちの都市を売り込み投票してもらえるかの勝負と言えるであろう。そのためには、都市の魅力を伝えるためにIOC委員と接触し、できるだけ多くの情報を提供できるかどう

## 図表07 2020年オリンピック・パラリンピックに関わる国際会議

### ■ 名称と場所

| 年　月 | 内　容 | 場　所 |
|---|---|---|
| 2013年1月 | 立候補ファイル提出（詳細な開催計画） | スイス・ローザンヌ |
| 2013年3月 | IOC評価委員会による立候補都市の視察 | 東京・マドリッド・イスタンブール |
| 2013年4月 | 15th IOC World Conference on Sport for All | ペルー・リマ |
| 2013年5月 | 立候補都市のプレゼンテーション／スポーツアコード | ロシア・サンクトペテルブルク |
| 2013年6月 | 3rd International Forum on Sport for Peace and Development | アメリカ・ニューヨーク |
| 2013年6月 | IOC評価委員会の報告書公表 | スイス・ローザンヌ |
| 2013年7月 | テクニカルブリーフィング（開催計画説明会）／IOC臨時総会 | スイス・ローザンヌ |
| 2013年7月 | 第15回世界水泳選手権 | スペイン・バルセロナ |
| 2013年8月 | 第14回世界陸上競技選手権大会 | ロシア・モスクワ |
| 2013年9月 | 最終プレゼンテーション<br>開催都市決定・2020東京大会／第125次IOC総会 | アルゼンチン・ブエノスアイレス |

かが勝負の分かれ目となる。

各立候補都市の招致委員会が投票権を持つＩＯＣ委員と直接接触できるのは限られている。２００２年の冬季ソルトレイクシティオリンピック招致をめぐる買収疑惑問題により、各立候補都市の招致委員会とＩＯＣ委員の接触が限定されるようになった。

このような背景の中で２０２０年招致レースが本格的なスタートを切ったのは、２０１３年１月、ＩＯＣへの立候補ファイル提出後である。各招致委員会は、これを機にＩＯＣ委員への接触が正式に許可された。

国際オリンピック委員会が主催する国際カンファレンスは、効率よく多くのＩＯＣ委員と会える場でもある。カンファレンスの内容は、国際平和とスポーツ、「Sport for All」、ユース年代のスポーツ、女性とスポーツ、スポーツと環境など、幅広く開催されている。

各カンファレンスの中では、関係するテーマのプレゼンテーションやシンポジウム形式のディスカッション、そして各表彰が行われている。その合間には、必ずティータイムとランチタイムが入る。

さらに、オープニングセレモニー、クロージングパーティーは、社交の場であり、多くのIOC委員と接触する格好の場である。ここでのロビイング（団体が政策決定に影響を与えようとする活動）が勝負を決めると言っても過言ではないであろう。

しかし、これらの場を活用できるか、できないのかは相手にとって有益な情報を持っているかどうかにかかっている。東京で開催すれば、国際オリンピック委員会にとって、魅力的でオリンピックというブランドをさらに輝かせることができるという情報の提供は、必須である。

さらに、その中で2002年ソルトレイクシティオリンピック招致[注15]の教訓を活かし、不正のない中でどれだけライバル都市に差をつけられるかという戦略が必要だったのである。

もちろん、ここではスポーツ関係者だけでは勝負にならない。政治、経済、法律などのそれぞれの専門家を帯同し、スポーツの話題を導入にどれだけ有益なビジネスの話をできるかが勝負の分かれ目になる。

注15
2002年ソルトレイクシティオリンピック招致を巡り、国際オリンピック委員会委員への買収容疑が問題となった。

その理由は明快である。国際オリンピック委員会という組織は、2009年に国際連合（UN）のオブザーバー資格を得たが国際機関ではない。非政府組織（NGO）であり、自らの収益によってオリンピックを含む事業を展開している。そのため収益を上げるためのビジネスを実施していくことは必須となる。

スポーツの世界が他の世界と比較して遅れているのは、スポーツ界だけですべてをまかなおうとしてきた点である。

しかし、強豪国と言われる国々は、昔のスポーツ経験者だけでなく（もちろんそういう人もいる）、スポーツ以外の専門家が重要なポストを担い、スポーツ界でビジネスを展開している。また、逆に有能な成績を挙げた元アスリートが、スポーツ以外の世界で活躍している例もある。

## 「開発途上国のスポーツ支援策」が日本開催の切り札

招致レースが本格的にスタートしてからの国際会議は、ロビー活動が以前にもまして火花を散らし繰り広げられた。私が最初にその一旦を垣間見たのは、2013年4月に南米のペルー・リマで開催された「第15回 IOC World Conference on Sport for All」であった。このときに参加していたIOC委員は、約35人であった（当時、全IOC委員数は10

3人)。会場であり、IOC委員が宿泊していたホテルには、各候補都市のコンサルタント、その他スタッフが多く滞在し、朝食時、夕食時にIOC委員を見つけてはロビー活動を展開していた。

ライバル都市の中には、インカムをつけたコンサルタントが1階の出入り口付近に待機し、目当てのIOC委員を見つけては、ロビーの一番奥に陣取った場所に連れていく光景を何度も見た。

もちろんその場所は周囲から見えない。そこで何が話し合われていたのかまではわからない。しかし、まさしくロビー活動最前線であったことは間違いない。

私はこの後、5月にロシア・サンクトペテルブルクで開催された「2013年度Sport Accord Convention(スポーツ総合国際会議)[注16]」と、6月にアメリカ・ニューヨークの国連本部にて開催された、「第3回International Forum on Sport for Peace and Development」にも参加した。

これらの会議に参加して、朝食の場も格好の交渉場所となることが理解できた。さらに、レストランのどこに座るかによって収集する情報に差がでることもわかった。レストランでは、誰と誰が一緒に食事をしているのかを確認することができる。また、1人なのか、複数でいるのかでも交渉すべきどうかを判断することができた。スポーツと同じく、場のポジショニングは情報収集の質を決める大きなポイントとなることを学んだ。

注16
Sport Accord の主催によって開催されている会議。Sport Accordは、国際競技連盟の連合帯で国際オリンピック委員会の加盟競技団体、それ以外の国際競技連盟(非オリンピック競技団体)、夏季オリンピック国際競技連盟連合(ASOIF)、冬季五輪国際競技連盟連合(AIOWF)、国際パラリンピック委員会、スペシャルオリンピックス、ワールドゲームズ、ワールドマスターゲームズ、ユニバーシアードなどの総合団体も多く加盟している。

そして日本は、2013年7月に開催された国際オリンピック委員会臨時総会のなかで行われた「テクニカル・ブリーフィング（開催計画説明会）」で戦略上、最も重要となる切り札を出した。それが、「スポーツ・フォー・トゥモロー（開発途上国を対象としたスポーツ支援策など）」だった。発表者にも戦略性を持たせ、麻生太郎副総理がプレゼンテーションを行なった。財務大臣で副総理という肩書きは、国家的な公約としてこのうえない信用をもたらすことになった。さらに、IOC関係者にとっては、オリンピアン（オリンピック選手）ということも親近感を持たせるメンタル作用として十分に効果を発揮した。

切り札はただ出すだけは効果が半減する。そのことをわきまえたうえで、麻生副総理という好条件のプレゼンターを用意周到に準備しておいた意義は大きい。

スポーツ・フォー・トゥモローは、2012年ロンドン大会のレガシー（遺産）を詳細に分析した結果として策定された可能性が高い。ロンドン大会は、東ロンドン地区の再開発やインフラ整備という有形レガシーから、ボランティアの増加、スポーツへの市民の参加率向上などの無形レガシーまでも生み出し、成功した。

この中で無形レガシーの一つとして、スポーツの国際交流と貢献事業「インターナショナル・インスピレーション・プログラム」がある。ロンドンオリンピック組織委員会は、ブリティッシュ・カウンシルや国際開発省（DFID）などと協力し、開発途上国を中心とした20カ国で約1500万人の参加者を生み出した。その内容は、スポーツを通した社会の開発であり、国際オリンピック委員会の評価も高かった。

現在、スポーツを通した国際交流と貢献活動は、世界の主流政策の一つとなっている。この流れを作ったのは、2009年10月にデンマークのコペンハーゲンで開催された国際オリンピック委員会主催の第13回オリンピック・コングレスである。[注17] この中でスポーツを通した国際貢献が、重要なテーマの一つとして話し合われた。このコングレスには、国連の潘基文事務総長、東ティモールのジョゼ・ラモス・ホルタ大統領（ノーベル平和賞受賞者）も列席した。

## 「官庁間の縦割り」に一石を投じた招致

一方、日本には国際協力機構（JICA）が推進している青年海外協力隊（1965年スタート）による開発途上国でのスポーツ支援の歴史と経験がある。また、50年ぶりに全面改訂する形で施行されたスポーツ基本法の基本理念には、「スポーツは、スポーツにかかる国際的な交流や貢献を推進することにより、国際相互理解の増進及び国際平和に寄与するものとなるよう推進されなければならない」と記載されている。

ロンドン大会のレガシーの分析と日本の強みを活かして「スポーツ・フォー・トゥモロー」というプログラムを立案することができたのは、成功の要因を緻密に分析する専門

注17
オリンピック・コングレスの招集は、国際オリンピック委員会の決定にもとづいて国際オリンピック委員会会長が行う。開催地および開催日の決定は、国際オリンピック委員会が行う。国際オリンピック委員会会長は議長をつとめ、議事手続きを行う。オリンピック・コングレスは、諮問機関的性格をもつ。

家チームと自国の強みを広い範囲で把握するネットワークがあり、それを最終的にまとめあげる力がオリンピック・パラリンピック招致にはあった。

スポーツの管轄は文部科学省である。一方、国際協力に関しては外務省が管轄官庁となる。通常、縦割り社会と言われている官庁間において土壇場で協力体制をとれたのは、やはりオリンピックの力である。

「スポーツには国をまとめる力がある」と言った南アフリカのN・マンデラの言葉がよぎる。その結果、最終的にイスタンブールとマドリッドの候補都市に差をつけることになったと考えられる。

外交力の弱さが日本の弱点と言われて久しい中、2020年東京大会招致成功には多くの外交力強化のヒントが詰まっている。

スポーツという世界共通の話題を導入として取り入れ、日本の強みと相手の弱みを詳細な情報分析のもとで明確にし、入念な戦略を練ったうえで専門家のチームを組んで望めば、十分に世界と対等に勝負していけることを2020年東京招致のコアグループは示唆してくれた。

# 5 公開情報で読むイギリスのメダル獲得戦略

## メダル獲得に向けて取り組んだ「選択」と「集中」

２０１２年ロンドンオリンピックは、多くの点で世界に模範となり成功した大会であった。ゲームズメーカーと呼ばれたボランティアの育成と活躍は、今後のオリンピックを招致するうえで多くの都市の参考となった。チケット販売も好調で約８２０万枚が販売された。

国際貢献という点では、インターナショナル・インスピレーション・プログラムに20カ国で約１２００万人の若者が参加した。さらに、オリンピックを通した都市の再開発という点では、オリンピックパーク（選手村、メイン競技場などの設置場所）となった東ロンドン地区を見事に再開発することができた。

一方、メダル獲得ということに特化してロンドン大会を振り返ったとき、イギリスは29個の金メダルと65個のメダル（金、銀、銅）を獲得し、金メダル獲得ランキング世界第3位となった。この結果、当初から目標としていた金メダル獲得ランキング（世界第4位）を達成し、イギリスの実力を全世界に示すことができた。

トップスポーツを巡る議論の中で勝つことがすべてのように「メダル至上主義」という言葉を使う人たちがいる。しかし、トップスポーツに関わる者はメダル獲得までの過程がいかに重要であり、尊いものであるのかを誰よりも理解している。その中で、メダルを獲得する価値を誰よりも重要視しているのも事実である。

ロンドン大会が盛り上がった背景には、自国のアスリートが連日連夜メダルを獲得し続けたことが、大きな要因だった可能性は高い。その活躍を会場だけでなくテレビ、インターネットを通じて目にすることで、ともに戦うという共感を与えられたからこそ、イギリス人の成功の要因が、さらに明確となったと考えられる。

ここではイギリスのメダル獲得戦略について、その公開されているメダルテーブルと関係者とのコミュニケーションから得た情報をもとに紹介したい。

イギリスのＵＫスポーツ（政府系政府外機関）は、２０１２年ロンドン大会の成功に向け「ミッション２０１２」に則って競技団体の評価を行い、資金を配分してきた。その結果、メダル獲得の確率が高い団体に多くの資金を配分することとなった。中でもプライオリティスポーツ（メダル獲得の可能性が高いスポーツ）には、より多くの資金が投じられた。これは、ビジネスの世界で言われている「選択と集中」である。

その結果、プライオリティスポーツは基盤を強固にとしていった。一方、ノンプライオリティスポーツは予算を削減され強化と育成が滞ったことも事実であり、そのためＵＫスポーツのことを血も涙もない冷徹な組織だと表する人びともいた。

ロンドン大会におけるプライオリティスポーツの金メダル獲得数は、イギリスが獲得した全金メダルの59％を占めた。また、メダル獲得数は35個（54％）と金メダル獲得率とともにいずれも高い占有率を示した。

一方、図表８・９は、三つのプライオリティスポーツにカヌーと馬術を加えたものである。こちらの金メダル獲得数は18個（62％）とさらに高い占有率を示していることが明らかとなった。しかし、図表９のスポーツが高い金メダル獲得数を表していることは理解できるが、その先に何があるのかを理解するには少し説明が必要であろう。

## 他分野との共存共栄がメダル獲得につながる

私はイギリス留学中に多くのトップスポーツ関係者と知り合い、コミュニケーションを取る機会に恵まれた。その中でスポーツ医・科学面からトップスポーツをサポートしてい

## 図表08 2012年ロンドンオリンピック

■イギリスのプライオリティスポーツのメダル獲得状況

| 競　技 | 金メダル | 銀メダル | 銅メダル | 小　計 |
|---|---|---|---|---|
| 陸　上 | 4 | 1 | 1 | 6 |
| 競　泳 | 0 | 1 | 2 | 3 |
| 自転車 | 8 | 2 | 2 | 12 |
| ボート | 4 | 2 | 3 | 9 |
| セーリング | 1 | 4 | 0 | 5 |
| 合　計 | 17(29) | 10(17) | 8(19) | 35(65) |

※ カッコ内はイギリスの全獲得メダル数

## 図表09 2012年ロンドンオリンピック

■イギリスのシッティングスポーツのメダル獲得状況

| 競　技 | 金メダル | 銀メダル | 銅メダル | 小　計 |
|---|---|---|---|---|
| 自転車 | 8 | 2 | 2 | 12 |
| ボート | 4 | 2 | 3 | 9 |
| セーリング | 1 | 4 | 0 | 5 |
| カヌー | 2 | 1 | 1 | 4 |
| 馬　術 | 3 | 1 | 1 | 5 |
| 合　計 | 18(29) | 10(17) | 7(19) | 35(65) |

※ 網かけはプライオリティスポーツではない
※ カッコ内はイギリスの全獲得メダル数

る「English Institute of Sport（ＥＩＳ）」という機関のある部門ディレクターとも親しくなった。彼とのコミュニケーションは、多くの新しい視点を私に与えてくれた。特に自国の強みを活かすという点では、私が考えている以上に示唆に富んだ内容だった。彼らはスポーツをスポーツだけでとらえて考えることはなかった。スポーツに有益なことすべてについて、自国の強みを活かし、勝つことにつなげていける視点を兼ね備えていた。

「シッティングスポーツ（座って行うスポーツ）」という造語を作ったのは、まさにそのときに聞いた情報がきっかけであった。前述の自転車、ボート、セーリング、カヌー、馬術はすべて座って行うスポーツである。私たちはイギリスの強さが、プライオリティスポーツのメダル獲得によるものだと目を奪われていた。しかし、彼との話でシッティングスポーツという視点でメダル獲得テーブルを作成してみると「なるほど！」と納得することとなった。

さらに、作成した一覧表を眺めてみると、これらのスポーツがすべてマテリアルを使うことに気づいた。イギリスが各競技・種目のマテリアルの研究開発を進めていることについて私たちは情報を収集していたこともあり、点と点の情報が線と面へとつながっていった瞬間である。

おそらく彼とのコミュニケーションの機会がなければ、また、一覧表にして可視化するという作業を怠っていれば、このことに気づかなかったかもしれない。

そして、オリンピックスポーツとパラリンピックスポーツの関係を考えた場合、シッティングスポーツを通して新たな視点を確認できる。

イギリスではオリンピックスポーツ、パラリンピックスポーツともに文化・メディア・スポーツ省（ＤＣＭＳ）が管轄官庁となり、予算はＵＫスポーツを経て配分されている。そのためトップスポーツでは、オリンピック、パラリンピックを合わせて総合的なメダル獲得戦略をＵＫスポーツが立案している。

その中では、マテリアルの開発も効率的に行う必要がある。そこで、オリンピックのシッティングスポーツにおけるマテリアルの開発は、パラリンピックにも活かされることになる。

自転車競技でオリンピック用に開発された各種のマテリアルは、若干の微調整はあるもののパラリンピックでも使用され、メダル獲得に寄与することになる。まさに合理的で、投資効率を上げることにつながっている。

一方、パラリンピックでの日本の支援は、まだまだマテリアルの開発やスポーツ医科学のサポート面において世界から遅れている。

よってこの部分を戦略的に改善することで、２０２０年東京大会に飛躍的にメダル獲得数を増やす可能性があると言えるであろう。

## イギリスの合理的なメダル獲得戦略

国別メダル獲得競争で重要なことは、メダルを多く輩出する競技・種目を見つけて強化していくことである。

また、その中でも比較的ライバルの少ない競技・種目に特化していくことは競争原理から言えば当然である。ビジネスの世界では、ブルー・オーシャン戦略（競争相手の少ない分野を狙う）がその典型である。

ロンドンオリンピックでは、26競技３０２種目で総金メダル数３０２個が授与された。その中で最も金メダル数が多いのは、陸上の47個である。続いて水泳が46個（競泳34個、飛び込み8個、シンクロ2個、水球2個）、自転車の18個（トラック10個、ロード4個、ＢＭＸ２個、マウンテンバイク2個）、レスリングの18個、体操の18個（機械体操14個、新体操2個、トランポリン2個）、カヌーは16個（スプリント12個、スラローム4個）、射撃が15個、ウエイトリフティングは15個、ボートが14個、柔道も14個と続く。

この点もイギリスにおけるプライオリティスポーツの合理性を垣間見ることができる。一方、日本も重点的強化スポーツとされている、柔道、レスリング、体操、競泳の合理性も確認できる。

また、イギリスはチームスポーツでのメダル獲得がない。このことが良いか悪いかの議論はともかく、「妥協なき投資戦略」という考え方からはチームスポーツが外れるということであろう。

イギリスにおけるシッティングスポーツの中で、自転車、ボート、セーリングは４大会連続で金メダルを獲得している。メダル獲得だけに特化すれば馬術とカヌーも入ってくる。一方、日本の４大会連続の金メダル獲得競技は、柔道だけであり、メダルに限定しても陸上、水泳、レスリングが加わるだけとなる。

このことから見えてくるものはイギリスという国の合理性と、トータル戦略を持ったうえで、トップスポーツの中で戦っているということである。

トップスポーツという世界に投資というビジネス手法を導入することで成果を上げている国と組織があるというまぎれもない事実がある。それを踏まえると、私たちはスポーツという小さな分野だけで物事を考え進める時代から、他分野と共存共栄して世界と戦う時代に、確実に変化していることを知る必要がある。

# 6 各国が戦略立案に役立てるウェブ情報

## スポーツ界でも重宝されるインターネット

現在、情報を収集するときにインターネットを活用することは一般的となっている。それはビジネス界もスポーツ界も同様である。中でも検索サイトのグーグルやポータルサイトのヤフーは、その利用回数や認知度において群を抜く。さらに、これらのウェブサイトは無料である。しかも正しく使いこなすことができれば、有効な情報収集ツールとなる。

無料の情報源と言えば日本における各省庁のホームページは、その信頼性と情報量から有益なウェブサイトであろう。もちろん、日本だけでなく諸外国の官公庁のウェブサイトも同様である。

一方、有料ではあるが有益なウェブサイトも多く存在する。そこでここではトップスポーツに関する戦略を構築するうえで有益な無料と有料のウェブサイトについて紹介したい。

オリンピックやアジア競技大会は、組織委員会が存在し、多くの基礎情報をウェブサイトに掲載している。たとえば参加国数や参加人数、試合の結果、各国のメダル獲得数や順位、その他、大会に関する基礎情報はここで収集することができる。さらに、一般に公開はされていないが、大会期間中は選手村や各競技会場内で「Info」と呼ばれているウェブサイトがあり、試合のスタートリスト（順番、開始時間、場所など）と、結果が順次更新されている。

大会期間中とその前後に組織委員会のウェブサイトを確認することは、重要な情報収集の一つである。合わせて、国際オリンピック委員会のウェブサイトも情報の宝庫である。理念、ビジョン、活動計画、主催するオリンピック、ユースオリンピック（14〜18歳）の大会結果、歴代の競技・種目の優勝者、写真、ビデオ、各委員と各種委員会メンバー、運営費、スポンサーなど、多くの情報が集約されている。

しかし、日本のスポーツ界でこのウェブサイトを定期的に確認し、読み込んでいる者は少ない。ただ、一旦読み込んでしまえば、更新される箇所は限定されてくる。

これは、官公庁のウェブサイトでも同じことが言える。ビジネスの世界では、関係する官公庁のウェブサイトを読み込んでいるスタッフがいるかもしれないが、少なくともスポーツ界においては限られている。なぜならば、私は多くのスポーツ関係の場で講演、シンポジウム、研修会の講師などを行う機会がある。そのときに官公庁のウェブサイトから入手したデータを使うことがある。聴衆の反応はほぼ統一されており、そのデータを初めて見たかのように納得する人が多い。

もちろん、データには一工夫を加えるし、情報提供ではストーリー性を持たせることは言うまでもない。とは言え、公開情報にも関わらず驚く人が多くいるのも事実である。

また、公開されているメディア情報の中でも署名記事が多い海外の新聞社のウェブサイトは、参考となるデータも多く掲載されている。中でもイギリスのBBCやアメリカの「New York Time（ニューヨーク・タイムズ）」は、母体であるテレビ、新聞とウェブサイトの融合をうまく進めていて、活用できる情報が多くある。日本においては、日本経済新聞が紙媒体と電子媒体をうまく融合させている。

スポーツでも有料のウェブサイトの中には、有益な情報が多く存在する。たとえば、オリンピック関係の情報を収集しようと考えれば「Around the Rings（アラウンド・ザ・リング）」や「Inside the Games（インサイド・ザ・ゲームズ）」のウェブサイトを確認することが一般的となっている。

「アラウンド・ザ・リング」は、オリンピック関連のニュースを配信しているウェブサイトである。特にオリンピック招致などに関する記事は、スポーツ界のマーケティングやコンサルタント、メディア関連者や意思決定者など、多くの関係者に情報源として読まれている。

「インサイド・ザ・ゲームズ」は、オリンピック、コモンウェルスゲームズ、パラリンピックの競技大会に関するニュースやインタビューなどの配信を行なっているウェブサイトである。また、オリンピック・パラリンピック・ムーブメントの動向についても扱っており、オリンピックの招致にかかる記事などは、意思決定者やオピニオン・リーダーなどに広く読まれている。

オリンピック・パラリンピック招致の期間は、世界中のメディアが各候補都市や国際オリンピック委員会の動向を取材していたが、「アラウンド・ザ・リング」と「インサイド・ザ・ゲームズ」の記者も必ず同行していた。各候補都市のスタッフは2社が配信する記事を詳細に読み込み、自分たちの戦略の方向性を確認していたことは関係者の間でよく知られている。

現在、スポーツ界ではオリンピックを筆頭に、メジャーイベント（各競技・種目の世界選手権など）の招致合戦も盛んとなっており、そのための情報収集も重要なポイントである。

その中で「Sport Cal（スポーツ・カル）」は、スポーツの主要組織やイベントに関連する動向・データ・開催などの情報配信、ニュース・スポーツイベントカレンダー・スポンサー情報・競技大会・招致情報などを主に扱っているウェブサイトである。

## 戦略の立案に不可欠な公開情報

私はイギリスに滞在中、これらのスタッフと直接会って、話す機会を得た。その中で感じたことは、国内のオリンピックやパラリンピックのとらえ方とヨーロッパを中心とした欧米諸国などのとらえ方の違いであった。欧米諸国ではスポーツ界の情報がビジネスとして成り立っている。しかし、日本ではその感覚が乏しいということであった。

欧米諸国は、「アラウンド・ザ・リング」「インサイド・ザ・ゲームズ」「スポーツ・カル」などをうまく活用する方法を心得ている。媒体としてビジネスを成立させているため、広告を掲載して利益を上げていることは、ウェブサイトを見ればよくわかる。その中で、どのタイミングでどのページに広告を掲載するのかなどの戦略を明確に持っていることも、招致期間中に垣間見ることができた。

さらにライバル国は、「アラウンド・ザ・リング」「インサイド・ザ・ゲームズ」をIOC委員の情報源となっていることを把握したうえで、どのように記事を書かせるかの戦略も展開していたことは十分に想像できる。日本がそこまでやっていたかどうかは定かではないが、ここでも情報戦が行われていたことは間違いない事実である。

「Inforstrada（インフォストラーダ）」は、スポーツに関する分析データや動画データを作成および配布・配信しているオランダの企業である。また、スポーツに関連する権利（放映権など）の制定などにも関わっている。主にスポーツ関連組織やメディア関連会社などを中心に、データ提供・コンサルタントなどを行なっている。

私は「インフォストラーダ」のスタッフとオランダの本社やイベント会場で何度かミーティングを行なった。その中で彼らが私に求めているのが、使う側のアイデアであることだった。彼らは私だけでなく契約をしている各国組織のスタッフとミーティングを行い、ソフトの改善点に関してビジネスとして売れるアイデアを収集している。そのうえで、集めたアイデアを分析し商品化して、新たなビジネス展開を行なっていることが想像できた。これらのミーティングから理解できたのは、アイデアという情報がソフトの改善ビジネスに結びつくことである。

このほかにも「Sport Business（スポーツビジネス）」「The Olympics Sports（ザ・オリンピック・スポーツ）」などのウェブサイトがある。強豪国はこれらのウェブサイトから情報を収集していることは間違いない。その意味からも公開情報の注視は、戦略を立案するうえで不可欠なものになっている可能性が高い。

日本ではこれらのウェブサイトのウォッチングを本格的に取り組んだのは、２００６年にはじまった２０１６年東京オリンピック・パラリンピック招致以降からである。

今後、２０２０年東京オリンピック・パラリンピックの成功に向けて、ウェブサイトの活用も重要な戦略の一つとなるであろう。

# PART 4

# 「スタンダード」が変わった！
## 最新情報から読む「プラン作成と評価システム」

# 1 各国の驚くべきビジネスプランとは？

## スポーツの枠組みを超越した各国の競い合い

現在、日本の新興企業が参入し成功している市場として、「Information and Communication Technology（ICT）情報通信技術」の分野がある。ヤフー、楽天、アマゾン、ミクシィ、サイバーエージェント、ぐるなび、サイボウズなど、数多くの企業が成功している。

これらの企業は一応に新しいコンセプトのもとにビジネスプランが作成されている。企業では新しい事業をはじめるために、アウトラインを論理的にまとめて「ビジネスプラン」を作成することが一般的となっている。

ビジネスプランは事業コンセプトを明確化したもので、達成までの過程を明らかにしたものである。また、ビジネスプランを作成する目的は、ステークホルダー（利害関係者）だけでなく自分を含めてチームが方向性を確認し、リスクの危険を回避し確実に事業を推進していくためである。

一般的に、夢と目標を明確にしたうえで顧客を想定し、参入する市場と競争相手を想定する。そのうえで競争相手と比較した自社の強みから商品やサービスを考え、ビジネスモデルを構築していく。必要な資金、考えられるリスクを想定して中長期プランに落としていく過程をとることが多い。また、ビジネスプランは、一目で理解できるキャッチがついていることが特徴的である。

世界のトップスポーツ界は、同様にビジネスプランを作成し、スポーツという枠組みを超えた中で激しい競い合いを行なっている。ここではその一旦を紹介したい。

シンガポールは、「金融」「空港」「港湾」「教育」「医療」「コンベンション・観光」「IT」などの分野においてハブ機能を有する国としても有名である。その中で、２０１４年に新たなハブを設置した。それが「スポーツハブ」である。

ここでは世界基準の最新設備を兼ね備えたエリートスポーツ、コミュニティースポーツ、そしてスポーツ産業の拠点としての機能を備えている。

メインのスタジアムは収容人数５万５０００人、２０１４年10月にサッカー日本代表とブラジル代表がスタジアムのこけら落としを行なったので、テレビで観戦した人も多いのではないだろうか。

このスタジアムでは年間に数十試合、国内外のトップスポーツのイベントを開催する予定である。ただ、空いている期間は広く国民に開放する施策が考えられている。

これらの情報は、日本も建設が予定されている新国立競技場の運営において、収益力があるイベントの選定と空いている期間の活用方法など多くの有益な情報を提供してくれるのではないだろうか。

スポーツハブの役割は、シンガポールのトップスポーツを通した国際戦略を具現化するためのものである。国際大会招致・開催、東南アジアで開催される国際大会の事前キャンプ地および東南アジア地域のトレーニング拠点、さらにスポーツを通した国民の健康への関与としても活用が予定されている。

シンガポールでは、トップスポーツの育成と強化を通じて社会への還元と地域スポーツへの好循環を考慮したビジネスプランを作成している。

スポーツハブは、「Report of the Committee on Sporting Singapore（ＣＯＳＳレポート）」と「Vision 2030（ビジョン２０３０）」と言われる二つのスポーツ政策のレポートに紹介されている。

「ＣＯＳＳレポート」に則ってシンガポールでは、２００1年から10年間、国家的スポーツ戦略を進めてきた。次に策定された「ビジョン２０３０」は、この先20年間のシンガポール社会の課題にスポーツがどう貢献するかを議論するための枠組みである。

このようにシンガポールという最先端の国では、スポーツを通して新たな戦略が動き出している。

カナダは2010年に開催された冬季バンクーバーオリンピックで金メダル獲得戦略として「Own the Podium 2010（OTP 2010）」を2004年に策定した。戦略策定の背景には、バンクーバーオリンピックを成功させるという目論みがあった。

その中で戦略プランを推進していくためには、既存のスポーツシステムに変革をもたらす必要があった。

カナダでは、「OTP 2010」の推進のために必要な要因を三つに絞った。

一つ目は、資金の統一である。これまで複数に分かれていた資金と事業の評価システムを統一していくことが課題であった。

二つ目は、競技団体の責任の所在を明確にすることである。この点は最も重要な観点である。どれだけ優れたプランを要しても実際に実行するのは競技団体であり、競技団体に公的資金を投入する意味を自覚させることができるかどうかが、プラン成功のカギとなる。

三つ目が、スポーツ医・科学の活用とテクノロジー研究開発であった。近年、トップスポーツの世界は、ライバルとわずかな差をどのように生み出すかが勝敗を大きく左右する。特に冬のトップスポーツは、コンマ何秒で競い合う競技・種目の比率が高い。用具の開発やテクノロジー技術がライバルに差をつける要因となる。

そこで「OTP2010」を推進する組織として、コンソーシアム（複数の組織からなる連合体）形式を採用した。世界の中でもこの形式はこれまでトップスポーツにおいて用いられたことはなかった。しかし、CEOであるR・ジャクソン[注18]のリーダーシップと戦略アドバイザー委員会などの推進力によりプランを推進することで、バンクーバーオリンピックでの成功へと導いていった。

注18
1964年東京オリンピックでのボート競技の金メダリストで、博士号を有するカルガリーを拠点とする元大学の教員。

## 三大会準備の同時進行は各国の常識

トップスポーツにおいても複数の組織が、それぞれの主張をすることで、方向性が定まらないことが国内外に関わらずよく見受けられる。そこで、カナダの「OTP2010」で用いたコンソーシアム方式が、日本や他国においても参考とされる可能性がある。

イギリスのUKスポーツが2012年ロンドンオリンピックの成功のために策定した「ミッション2012」は、世界のトップスポーツ界に衝撃をもたらしたことは、これまでに何度か触れてきた。

さらに詳細については、次節でくわしく紹介しよう。

現在、イギリスは2016年リオデジャネイロに向けて「Mission 2016（ミッション2

016)」をもとに強化戦略を推進している。ここで一つだけ確実に言えることは、2012年ロンドンオリンピックの金メダル獲得ランキング世界3位は「ミッション2012」なくして達成できなかった。

オーストラリアは、2000年に開催したシドニーオリンピックの成功から徐々にメダル獲得数を減らしてきていた。そこで、大きな変革を必要としていたときに発表されたのが「Wining Edge 2012-2022(ウイニングエッジ2012-2022)」である。このプランを推進していくのが、「オーストラリアスポーツ研究所」である。現在、オーストラリアスポーツ研究所の統括責任者のM・ファヴィアは、元UKスポーツパフォーマンス部門のソリューションチーム(課題解決チーム)のリーダーであった。

世界のトップスポーツ界では、人材の移動が盛んに行われている。しかし、彼の移籍は物議を醸し出した。なぜならば、彼がオーストラリアに移ったのは、2012年ロンドンオリンピックの年だったからだ。

「ウイニングエッジ2012-2022」の方向性は、UKスポーツが策定した「ミッション2012」と類似しており、今後の進捗状況を把握していくことが重要となるだろう。

ニュージーランドのトップスポーツを統括する「High Performance Sport New Zealand(HPSNZ)」は、2012年ロンドン大会の後に「STRATEGIC PLAN 2013

－2020（ストレテジックプラン２０１３－２０２０）」を発表した。このプランを推進していくのは、ＨＰＳＮＺのＣＥＯ　Ａ・バウマンである。彼はカナダの「ＯＴＰ　２０１０」で重要なポジションを担っていたスタッフの一人である。

このほかフランス、ドイツなども同様のトップスポーツでビジネスプランを策定して戦略に則って事業を推進している。

さらに、注目すべき点として各国は、２０１２年ロンドンオリンピックが行われる直前から次のプランの準備をしていることである。この点は、オーストラリアの「ウイニングエッジ２０１２－２０２２」、ニュージーランドの「ストラテジックプラン２０１３－２０２０」のプラン執行期間からも明らかである。

つまり、世界のトップスポーツ界は、直前に迫った最大の目標に力を注ぐと同時に、次の目標となる大会やそのまた次の大会における目標達成の準備を並行して行なっていることがわかる。

# 2「イギリス型投資戦略」が世界のスタンダード

## 妥協が一切なかったロンドン大会

2012年ロンドン大会の成功の要因は多く語られている。その中でロンドンオリンピック・パラリンピック大会組織委員会（LOCOG）のCEOをとして実質組織を統括したのは、バンク・オブ・アメリカやゴールドマンサックスなどの金融業界で活躍していたP・デイトン（現イギリス財務省商務担当政務官）である。

私はイギリス滞在中に、彼の話を聞く機会があった。その中で彼は多くの示唆に富んだ情報を提供してくれた。印象的だったのは、オリンピックという巨大なイベントを運営していくうえで最初に優先したのが、「可能な限りベストな人材を雇うこと」という点であった。彼は、この時点で採用する人材が最終的には約6000人規模のスタッフと約7

万人のボランティアをまとめあげることになることを強調していた。

つまり、これだけのスタッフを自分一人でまとめ上げられるはずがないことを自覚し、自分の発する言葉の本質と意図を理解し、自ら行動できる核となるスタッフを最初に雇用することが成功への道筋であることを、一流企業でリーダーとして生き抜いてきたP・デイトンは理解していたのであろう。

異業種の人材活用の有効性については、イギリスやヨーロッパをまわる中でさまざまな組織とのミーティング時に感じたことである。スポーツだけでなく組織を円滑に運営し、成功をおさめる必須条件であることを強く感じた。日本において、特にスポーツ界では身近な人材の活用が多く、適材適所という言葉が当てはまらないことが多い。このことが、組織の停滞につながっている可能性が高いと考えられる。

さらにP・デイトンは、ロンドン大会を成功させる要因として、それぞれの組織の役割を明確にしていったことを挙げていた。大会を運営する組織委員会、イギリス政府、ロンドン市、主催者の国際オリンピック委員会と国際パラリンピック委員会（IPC）、イギリス選手団を派遣するイギリスオリンピック委員会（BOA）、そしてイギリスのトップスポーツに関する政策を執行するUKスポーツが、それぞれの役割を遂行できたからこそ、2012年ロンドン大会の成功があったことは間違いない。

その中でここでは、2012年ロンドン大会の金メダル獲得ランキング目標である世界

4位を達成したUKスポーツの戦略について説明していこう。

2012年ロンドンオリンピック・パラリンピック招致委員会は、2005年7月に招致に成功した。この後、イギリスはロンドン大会の成功を目指してトップスポーツとしての目標を掲げることになる。目標の達成のためにはビジネスプランが必要であり、トータル戦略のもとで方向性を統一していく必要があった。

そこでスポーツにおける政府系政府外機関（日本の独立行政法人）のUKスポーツが、2006年「ミッション2012」を策定し、競技団体と協力し、2012年ロンドン大会に向けた強化に取り組んでいった。

ここで最も重要なことは、メダルを獲得するという点において、一切の妥協をしないことを前提にしていた点である。このことはビジネスという観点に立てば当然の結果である。しかし、ボランティアが主体の日本ではなかなか理解してもらうことがむずかしい。

私はイギリスにいたときにUKスポーツの非情な動向について、いくつかの競技団体や関係組織から聞くことがあった。ただ、冷静に考えるとそれぞれの立場があり、それぞれの主張があるのは当然である。一つ確実に言えることは、UKスポーツは政府系政府外組織としてトップスポーツに関する政策の執行という役割を果たしていたことである。

## 国費の使い方を厳しくチェックする

「ミッション2012」は、各競技団体の実績にもとづき評価を行い、強化費を投資していくプロジェクトである。日本のスポーツ界では「配分」とされている部分を、UKスポーツでは「投資」としているところに、最も大きな考え方の違いがある。彼らには、競技団体へ国費を投資しているという考え方にもとづきビジネスを実施している。その方針にはビジネスである以上、私的な感情や情緒に流されることが一切あってはいけないという前提がある。

「ミッション2012」で最も重要であったのは、競技団体に責任を持たせることであり、各組織の能力を伸ばしていくことを目的としていたことである。そのためにUKスポーツは、各競技団体に国際競技力強化のためのフォーマット（30項目）に則って現状の分析を行うことを課していったのである。これらは、「アスリート」「システム」「環境」と、三つの大項目を基本として、それぞれ10の小項目から作成されていた。

フォーマットに沿った各競技団体の自己分析をUKスポーツがさらに評価を行い、そのうえで3カ月に1回の割合でミーティングを実施し、改善のためのアドバイスを行なっていった。この過程こそ、2012年ロンドンオリンピック・パラリンピックで、イギリスがメダルを獲得することにつながっていった。

## 図表10 ミッション2012 評価項目30

| | |
|---|---|
| 1 | 戦略立案 |
| 2 | パフォーマンス パスウェイ |
| 3 | 戦略の実行 |
| 4 | 2012に向けたアスリートのパフォーマンス状況 |
| 5 | 2016に向けたアスリートのパフォーマンス状況 |
| 6 | プログラムの影響 |
| 7 | アスリートの責任 |
| 8 | リーダーシップ |
| 9 | 勝つための行動 |
| 10 | チーム環境 |
| 11 | 革新性と創造性 |
| 12 | 心理状態の洞察と反応 |
| 13 | マネジメント体制 |
| 14 | チームのコーチング |
| 15 | 主要な競技大会とトレーニングキャンプのロジスティクス |
| 16 | スポーツ医学の活用 |
| 17 | パフォーマンスへの科学サポートの活用 |
| 18 | タレントの発掘と育成 |
| 19 | コミュニケーション |
| 20 | 情報管理 |
| 21 | 競技大会の機会 |
| 22 | 個別のアスリートサポート |
| 23 | アスリートの経験 |
| 24 | アスリートの現役と引退後のライフスタイルサポート |
| 25 | アンチドーピングの知識と文化 |
| 26 | 競技施設 |
| 27 | 用具とテクノロジーの活用 |
| 28 | 人材開発 |
| 29 | 財務管理 |
| 30 | 利害関係者との関係構築 |

JSC情報国際部資料より筆者が作成

各競技団体の総合評価は、グリーン、イエロー、レッドの3段階で行われていた。グリーン評価は、改善点がなく十分な組織能力を有していることを表していた。組織としての能力も認められるが、まだまだ改善点がある場合はイエロー評価がつけられた。そして組織として劇的に改革をしていかなければならない場合に、レッド評価が下された。

これらの総合評価は、UKスポーツのオフィス内のミーティングルームの壁一面に電子ボード一覧表として映し出されるしつらえが整えられていた。これにより2012年ロンドン大会に向けていま、各競技団体のその時々の状況が可視化され、一目瞭然となっていた。

私はこれまでオリンピックやアジア競技大会期間中をはじめとして、多くの国の機関が主催するカンファレンスやミーティングなどにも参加してきた。その中でいつも感じていることの一つに諸外国が空間の作り込みをするときの上手さと、情報の見せ方と伝え方の上手さである。たとえば、ミーティングで訪問した部屋のレイアウトや色使いは、日本のオフィスにない、おしゃれで働きたくなるしつらえである。さらに、それが機能的である点がポイントとなっている。

獲得したメダル数を表すメダルテーブル一つをとっても可視化に日本と大きく差が出る。日本は、見せることや伝えることの過程を重視しないところに課題があるのだと感じている。

# 目標未達成の競技団体は、投資対象から外す徹底ぶり

ただ逆の面も否めない。つまり、見せ方や伝え方の上手さに惑わされ、本質を見抜くことを忘れてはいけないのも事実である。

各競技団体は、オリンピック・パラリンピックでの成功を目指して強化戦略プランを作成し、自己評価とＵＫスポーツの評価を受けてプランの改善に努める。プランにはマイルストーン（道しるべ）を標記し、オリンピック・パラリンピックまでの過程となる大会の目標値が設定されている。その結果についての検証も大きなポイントの一つとなる。

このように各競技団体は、ビジネスプランを作成し、目標達成のために自らの資源であるアスリート、システム、環境を整えていくことに尽力していた。

次に重要なことは、投資する側のシステムがどれだけ整っているのかということである。この点について公開情報をもとに説明したい。

ＵＫスポーツは、独自に競技団体の結果と将来的な可能性を考慮して最新のデータ分析によりランキングを作成している。さらに、オリンピック競技とパラリンピック競技を対象に、投資のための優先バンド一覧表を1から未分類までの9段階に分けて詳細に作成している。これらにもとづき投資額と投資の優先順位を決定していく。

ここでもう一つ重要なのは、年次の投資検証プロセスもこと細かく決定されており、こ

れらにもとづき投資が実際に行われることである。

２０１２年ロンドンオリンピックでのＵＫスポーツの目的は、金メダル獲得ランキング世界４位を達成することであったことは、前述の通りである。

ただ、もう一つ目的があったことはＵＫスポーツとのミーティングや公開されている資料から明らかである。それは各競技団体内がこれらの過程を経ていくことで偶然メダルを獲得するということから、必然的にシステムに則ってメダルを獲得できるように改善していくようにすることであった。

この点こそが最も重要であり、ロンドンオリンピック・パラリンピックで目標を達成できた競技団体は、システムを整えることができたことは想像できる。一方、目標を達成できなかった競技団体は、ＵＫスポーツが行う投資の対象から外されることになる。よって、競技団体や関係組織の間では、ＵＫスポーツ非情説が飛び交う。しかし、国費を投じてトップスポーツとしてビジネスを行うという観点に立った場合、ＵＫスポーツが実施していることは特別なものではないことがわかる。

この観点から日本のトップスポーツ界を見た場合、競技団体や統括組織が実施している予算の配分と結果の検証は改善すべき点が多いことが明らかとなる。

２０２０年東京オリンピック・パラリンピックに向けて日本がやるべきことは多い。

# 3 東京大会に向けた「限定性」と「継続性」

## トータルデザインが必要な日本

日本のスポーツ界は２０２０年の東京大会に向けて、２０１５年カーリング女子世界選手権、２０１７年冬季アジア競技大会、２０１９年ラグビーワールドカップ、同年ハンドボール世界選手権などのメジャーイベントが続く。さらに、広告代理店の電通が国際陸上競技連盟（ＩＡＡＦ）と同連盟主催大会でのマーケティング権、放送権（インターネットを含む）を２０２９年まで取得したことで、各種国際大会の日本開催も視野に入ってきた。また、世界経済フォーラムの協力により、２０１６年の秋より毎年「スポーツ・文化ダボス会議」を東京および大阪で開催されることも決定した。

その中でトップスポーツという観点から、二つの戦略を考える必要がある。一つ目は、限定的な視点のもとで、短期目標としている大会までの競技力の強化により、ターゲットとなるアスリートやチームを多く表彰台に上げるという戦略である。

二つ目は、継続的な視点のもとで、中長期的な目標に向けた強化と育成のための準備を並行しながら実施して進めるという戦略である。ここで大切なことは、短期と中長期の期間を何年にするのかということだ。

強豪国と呼ばれている国々では、当然、これらのことが戦略的に行われていることについては、すでに紹介した通りである。しかし、日本のスポーツ界では、トータルデザインを描いて実行していく体制が整っていないのが実情である。そのため、こうした部分が強豪国から最も遅れている。

元ＵＫスポーツパフォーマンス・ディレクターのＰ・キーンによれば、彼らはロンドンオリンピックのはじまる18カ月前から２０１６年リオデジャネイロオリンピックに向けた「ミッション２０１６」の準備をはじめていた。つまり、その時点で２０１２年ロンドンオリンピック・パラリンピックに対する強化策を彼らの視座（ポジション）で完了し、後は各競技団体とＵＫスポーツの担当スタッフが最終的な詰めを実施することで、目標の金メダルランキング世界第4位を達成することを確信していた可能性がある。

もちろん、ＵＫスポーツという組織は、その後も最後まで競技団体と一緒になって強化のサポートに関わる役割をしていた。しかし、事実として彼らは次の２０１６年リオデジャネイロ大会に向けた準備をロンドン大会開催の1年半前からはじめていた。ここに日本との大きな差があることは否めない。

私は強化拠点に関する文部科学省のある会議で、「イギリスでの経験を活かし、2020年東京大会に向けた施策を考えるうえで最も重要なことは何か」との質問を受けた。私は「世界のスタンダードに合わせて、2020年東京大会までの限定性と2021年以降に向けた継続性を考慮した戦略を持つことである」と答えた。

具現化するためには、新しいシステムを構築する必要がある。国内の現状は後ほど紹介するが、スポーツ庁設置に向けて日本の現状を大きく変えられる機会である。

## 生き残り策は「限定性」「継続性」を見据えた戦略

私はイギリスから帰国後、多くの場で情報提供をする機会に恵まれている。その中で、あえてキーワードとして使うのが、「2020年前後」である。

2013年9月7日、日本は2020年オリンピック・パラリンピック招致に成功した。この瞬間から世界中が日本と東京に注目することとなった。同時に、イギリスでの経験から決定の瞬間の前後で、世界の反応が大きく違うことについて身を持って体験した。

私は2013年4月1日～2014年3月31日までイギリスに滞在していた。このあいだにイギリス以外で13国18都市をまわり、数多くのカンファレンスやミーティングに参加してきた。

その中で明らかに9月7日を境に、日本や私への接し方が変わったことを強く感じた。理由は、2020年東京大会の招致成功で、日本が諸外国に対して有益な情報を持ったからである。

この経験は何ものにも代えがたい。なぜならこのことで私は、2021年以降を強く意識するようになったからである。2020年東京大会終了後は必ずやってくる。このときの準備を今からはじめなければ、私がイギリスやヨーロッパで感じていた招致成功前までの日々が再びやってくることになる可能性は高い。

スポーツの世界だけでなくビジネスの世界においても、同様の事象は枚挙にいとまがない。現代は、当たり前が当たり前でなくなる時代である。

名だたる有名企業であっても倒産するし、これまで見たことも聞いたこともない企業が市場を席巻する時代である。

生き残りの条件は何か？　それは前述の通り、限定性と継続性を見据えた戦略を持ち実行できるかどうかにかかっている。この点はビジネスもトップスポーツの世界も同様である。

## 不安が残る日本のスポーツ予算

現在、私はトップスポーツの世界でさまざまな危機感を感じている。その中の一つが、国のスポーツにおける予算づけである。

私たちは2011年に成立したスポーツ基本法の制定にも関わった。この中で文化庁の予算が1031億円に対して、スポーツ予算は228億円であることを強調し、文化庁と同程度にすべきであるとの主張を繰り返してきた。この主張は間違っていなかったと思っている。

ただ、2020年東京大会招致の成功により、予算が大きくつきはじめた。そのことは、2015年度の文部科学省の資料を見ればわかる。大切なことは、この資料について視点を変えて見てみることである。急激に増えた予算は、急激に減る可能性が高い。この点を私たちスポーツ関係者は、忘れてはならない。

2014年8月に出されたスポーツ関係の2015年度概算要求額は、2014年度予算額（255億円）から285億円増えて540億円になっていた。しかし、2015年1月に閣議決定された予算案は、34億円増の290億円となった。ここには予算獲得交渉の際、文部科学省が財務省に押し切られた形となった感が否めない。

ただ、2015年度文部科学省の全体予算案がわずか1・1％増の中で、スポーツ予算

## 図表11 2015年度スポーツ関係予算案から見えるもの

■ スポーツ関係予算のポイント

【26年度補正予算案：130億円】
平成27年度予算額（案にはスポーツ庁設置にかかる人件費などを含む）

| 区　分 | 平成26年度予算額 | 平成27年度予算額（案） | 対前年度増減額 | 増減率 |
|---|---|---|---|---|
| スポーツ関係予算 | 255億円 | 290億円 | 34億円 | 13.5% |

視点を変える

スポーツ庁を創設し、2020年オリンピック・パラリンピック東京大会に向けて選手強化費を充実するとともに、スポーツを通じた地域活性化やスポーツによる健康増進、国際貢献などに取り組み、スポーツ施策を総合的に推進する

2020年までは予算は増え続ける
↓
2021年以降、予算は激減する可能性がある

文部科学省平成27年度予算案資料より作成

案は13・5%増となっていることに着目しておく必要がある。

2014年度のスポーツ予算は、243億円から12億円（＋4・9%）増の255億円であった。このことからも、2015年度のスポーツ予算案は大幅に伸びていることがわかる。

こうしたことから2020年度までの今後5年間は、スポーツ予算の増額が見込まれていくことが予想される。重要なことは、スポーツ界全体として予算の増額にともなうトータルデザインを共有していくことである。それがない中での増額への大合唱は、スポーツ以外の人々の共感を得られないことを理解しておく必要がある。

国の予算の中でスポーツ予算の割合は、

極めて少ない。2014年度予算で見ると国家予算は95兆8823億円、文部科学省の予算が5兆3627億円であり、そのうちの0・5%にあたる255億円がスポーツ関係予算である。オリンピック・パラリンピックに向けた強化関係予算は、そのうちの約100億円である。

一方、2012年ロンドン大会を成功させたイギリスは会計方式が違うために一概に比較はできないが、4年間で約611億円（年間153億円）を強化に投資している。

2020年東京大会の成功に向けて、スポーツ予算が増額されることは決して悪いことではない。

私たちはスポーツには価値があり、国民をまとめていける力があることについてオリンピック・パラリンピックを通して学んできた。そのことを一人でも多くの人々に知ってもらう機会が、2020年東京大会なのである。

そのためには、事前の準備と事後を見据えてどのようにスポーツの施策を進めていくかを考える必要がある。

その中でトップスポーツという観点で考えた場合、課題は2021年以降を見据えた育成と強化をどのように継続していくのかを考慮した戦略を組み立てることである。

# 4 「選択」と「集中」にどう取り組むのか？

## 金メダル獲得ランキング世界5位以内達成に大事なこと

2020年東京大会まで5年数カ月となった。オリンピック・パラリンピック成功の要因は、大会が安全で安心に運営される中でアスリートの満足、ハイレベルの競い合い、多くの観戦者、観戦者の満足、経済効果、オリンピックレガシー（遺産）の構築などを含めて、複数考えられる。

その中でトップスポーツに関わる観点から考えた場合、成功の要因は国が策定した「スポーツ基本計画」で掲げている、オリンピック金メダル獲得ランキング世界5位以内を達成することである。そのためには、大きく二つの戦略を持つ必要がある。

一つ目は、伝統的な金メダル獲得競技・種目である体操、柔道、レスリング、競泳への重点強化を施すことである。

２０２０年東京大会では３１０種目が実施される予定である。[注19] そのうち競泳では34種目、体操では18種目、柔道では14種目、レスリングでは18種目が行われる。つまりこの４種目で84個の金メダルが存在することになる。

日本はこれまでに最も金メダル獲得数が多かった大会は、２００４年のアテネ大会である。その内訳は、得意競技・種目である柔道8個、競泳3個、レスリング2個、体操1個の合計14個を獲得した。このほかに金メダルを獲得したのは、陸上の2個である。

さらに、日本は２０００年シドニー大会から２０１２年ロンドン大会まで前述の４競技・種目以外で金メダルを獲得したのは、２０００年シドニー大会および２００４年アテネ大会の陸上（3個／女子マラソン2個／男子ハンマー投げ1個）、２００８年北京大会のソフトボール（1個）、２０１２年ロンドン大会のボクシング（1個）だけである。

２０１２年ロンドン大会を含め４大会を振り返ってみると、陸上に関しては直近の２大会での金メダル獲得がない状況が明らかとなる。そこで近年の日本で金メダル獲得の基盤競技・種目は、体操、柔道、レスリング、競泳の四つであるのがわかる。

一方、強豪国と呼ばれている国も基盤競技・種目がある。たとえば、ロンドンオリンピックの上位三国を見れば、それが一目瞭然である。1位のアメリカは金メダルを競泳で16個、陸上で9個、合計25個（全体で46個／その他2個以上の金メダルを獲得している競技・種

注19
２０２０東京オリンピックでは、現段階で国際オリンピック委員会が発表した「アジェンダ２０２０」に則り３１０種目が行われる予定である。

別が五つある）を獲得している。2位の中国は金メダルを飛び込み6個、ウエイトリフティング5個、バドミントン5個、競泳5個、卓球4個、体操4個、合計29個（全体で38個）を獲得している。3位の英国は金メダルを、自転車8個、陸上4個、ボート4個、合計16個（全体で29個）を獲得している。

また上位国の特徴として、一人で複数のメダルを獲得するマルチメダリストがいる。その典型がアメリカの競泳選手、M・フェルプスである。彼がロンドン大会で獲得した金メダルは4個、銀メダルは2個を獲得した。彼は出場した三つのオリンピックで18個の金メダルと2個の銀メダル、2個の銅メダルを獲得している。彼のほかにアメリカチームでは、同じく競泳のM・フランクリンが4個、A・シュミットが3個の金メダルをロンドン大会で獲得している。

イギリスでは自転車のC・ホイが、北京大会で3個、ロンドン大会で2個の金メダルを獲得している。

日本でも競泳の北島選手がアテネ大会で2個、北京大会で2個の金メダルを獲得していることはよく知られている。

これらのことから基盤競技・種目へのサポートの充実が重要となる。また、マルチメダリストの育成を考慮した場合、現状の日本においては体操と競泳での育成が最も現実的な選択となるであろう。

二つ目は、これらの競技・種目以外での金メダル獲得を目指すことである。つまり、金メダルを獲得できる競技・種目を増やすという選択をすることが考えられる。

新しい競技・種目での成功のためには、現状の競技・種目分析と各競技団体における育成・強化システムを把握する必要がある。

その理由は、企業やその他の組織に置き換えると理解できるであろう。良質の人材育成制度を構築していない組織は、永続的な繁栄はない。新人研修を含む社員教育は、組織の要であるからだ。

## どの競技・種目に資源を投資するのか？

トップスポーツの世界においても、トップアスリートは突然現れるわけではない。素質のあるタレントを見つけて育てる制度と、ジュニア育成からシニアの強化へとスムーズに移行させる制度（パスウェイ・システム）を構築している競技団体が、永続的にメダルを獲得し続けることができる。

さらに、新しい競技・種目の開発では、進出する分野の選択が重要なポイントとなる。ビジネスの世界では、マーケット調査をしたうえでライバルが多くひしめく競争の激しい市場での成功を目指すレッド・オーシャン戦略をとるか、ライバルが少なく競争の比較的容易な市場での成功を目指すブルー・オーシャン戦略を選択するのかがポイントになる。他章でも触れたが、このことは新しい競技・種目での成功においても同様である。

近隣国の韓国は、トップスポーツのブルー・オーシャン戦略の先達国である。韓国は、夏季競技では射撃（ロンドン大会で金メダル獲得3個）、アーチェリー（ロンドン大会で金メダル獲得3個）に重点をおいている。

また、冬季競技では、ショートトラックスケートに重点を置いた強化戦略を取ってきた。その結果として、2006年トリノ大会では金メダル6個（合計10個のメダル獲得）、2010年バンクーバー大会では金メダル2個を含む8個のメダルを獲得した。しかし、競技団体内の派閥抗争などにより、直近の2014年ソチ大会では、銀メダル1個、銅メダル1個の獲得にとどまった。

これらのことから日本が2020年東京大会で金メダル獲得目標数を達成するためには、新しい競技・種別での成功を考えた場合、韓国が行なっているブルー・オーシャン戦略が参考になる可能性が高いだろう。

このように強豪国の基盤競技・種目を把握したうえで2020年東京大会に向けて、どの競技・種目に資源を投資するのか、入念な情報の収集と分析にもとづく選択と集中の戦略が必要となることは明らかである。

# 5 「強化戦略プラン」と「評価システム構築」

## 強化戦略プランの作成が競技団体を変える

事業を行う際、計画の立案は、重要なプロセスの一つである。優れた事業プランは、ゴール設定が明確であり、チームの資源を的確に把握し、行程通りに事業を進めるうえでなくてはならないものである。

トップスポーツの世界でオリンピックに関わる競技団体は、国からの補助金、自己財源と独立行政法人日本スポーツ振興センターからのスポーツ振興投票くじ助成金、そしてスポーツ振興基金からの助成を受けて活動を行なっているのが一般的である。

競技団体の役割は、大きく二つに分けることができる。一つ目は、アスリートやチームの育成と強化である。二つ目は、競技の普及である。

これらを円滑に進めるためには、オリンピックでのメダル獲得が重要な要因となる。オリンピックでのメダルの獲得は、育成・強化を行ううえで重要となる予算の増加につながる可能性が高い。さらに広報という点から、メダル獲得によるメディアの報道は、各地域での普及にも大きな影響を与える。

よって競技団体にとって強化戦略の立案は、最も重要な項目の一つであることが理解できる。また、前述の通り多くの競技団体の予算は、国費により賄われている。現在、自己財源が豊富にあるのは日本サッカー協会だけであろう。日本サッカー協会は、メインスポンサーのキリンと2015年4月～2022年12月までの総額約200億円（年間25億円）にのぼるオフィシャルパートナー契約を締結した。さらに、アディダスジャパンと2015年4月から4年で約85億円のオフィシャルサプライヤー契約を締結した。このほか、サポーティングカンパニーとして、アウディジャパン、日本航空、ソニーマーケティングなど多くの契約を締結し、潤沢な自己財源を持っていると考えられる。

一方、その他の競技団体も自己財源獲得に努めているものの、日本サッカー協会には遠くおよばず、国からの補助金に頼らざるを得ない。その中で国からの補助を受けるにあたり、各競技団体が育成と強化を進める強化戦略プランを作成することは必須条件である。

これまで国からの各競技団体への補助金は、日本オリンピック委員会が一括して受け取り、各競技団体へ配分を行なってきた。しかし、各競技団体は強化戦略プランを作成し、日本オリンピック委員会へ提出することはなかった。その中で２０１０年に初めて日本オリンピック委員会は２０１２年ロンドンオリンピックに向けた強化戦略プランの作成を競技団体に要請した。要請の指示は上村春樹ＪＯＣ選手強化本部長（当時）が行い、私たち情報戦略部門が原案を作成した。

強化戦略プランは、国内外の情勢分析、数値目標の設定、自らの競技団体分析、課題の抽出、競技力向上戦略、資金計画などに至る内容となっていた。

各競技団体が作成した強化戦略プランを情報戦略部門にて精査し、そのうえで強化本部長に報告を行い、所定の手続きのもとで強化費の配分などに役立てていった。さらに、強化戦略プランをもとにして競技団体とのコミュニケーションを情報戦略部門が取り、情報を収集していった。この一連の過程は、これまでの日本オリンピック委員会の強化費の配分から一歩進んだ段階へと精度を上げる効果があった。

競技団体にとっては、これまでにない作業を強いられたが、自分たちの立ち位置を把握し、強化・育成過程を見直すことにつながった可能性は高く、ようやく世界のスタンダードに近づいたと考えられた。この強化戦略プランの推進は、上村ＪＯＣ選手強化本部長（当時）の強いリーダーシップに寄るところが大きかったことは間違いない。

しかし、このときに各競技団体によって作られた強化戦略プランと一連の評価制度は、決して完成されたものではなかった。私はこの過程を情報戦略部門長として中心となって

## 図表12 強化戦略プラン

■ 項目

| 強化戦略プラン | |
|---|---|
| JOC上村強化本部長（当時）体制で初めて実施 | |
| 目的 | ・オリンピック特別対策支援配分の基準<br>・中長期戦略の立案<br>・スポーツ界の意識改革 |

■ 項目

| | |
|---|---|
| [1]背景 | ・国際情勢分析<br>・国内情勢分析 |
| [2]目標 | ・数値目標 |
| [3]競技団体分析 | ・ターゲット種目／ターゲットアスリート<br>・強化体制／スタッフ構成<br>・拠点<br>・内部環境分析 |
| [4]課題 | ・分析から抽出される課題 |
| [5]競技力向上戦略 | ・課題解決のための戦略（シナリオ） |
| [6]競技力向上方策 | ・拠点（NTC、競技別強化拠点、ラフバラ大学など）の活用<br>・JISS／マルチサポート事業の活用<br>・リカバリー対策／コンディショニング対策<br>・アンチ・ドーピング対策<br>・スタッフの役割 |
| [7]時間計画 | ・マイルストーン |
| [8]資金計画 | ・予算計画 |
| [9]評価 | ・自己評価計画 |

推進していたが、一方で現状の限界も強く感じていた。イギリス、オーストラリア、カナダ、シンガポールなどの動向を把握していたため、日本の制度との決定的な違いを確信していたからである。

これらの国々との最も大きな制度の違いは二つある。一つ目は、責任の所在における明確性である。二つ目は、意思決定者を支えるグループのスタッフがフルタイムかそうでないかという点である。この二つが強豪国では明確であるため、トップスポーツの中でビジネスを行うことができる。この部分は、日本のスポーツ界における最大の課題である。

ただ、この強化戦略プラン制度を継続することで、日本の競技団体が踏み込めなかった領域に入るとともに世界と組織として戦える状況が整っていく可能性は考えられる。

## 「事務局にしかできない」と「事務局ではできない」仕事が混在

その中でもう一つの課題は、評価する側の制度の刷新である。2012年ロンドン大会に向けて実施した強化戦略プランの作成とその評価制度は、これまでの古い制度を変える効果はあった。ただ、まだまだ改善の余地があるのも事実である。最も改善を必要とするのは、プランを評価する基準の作成と評価を行うプロフェッショナル体制である。

私はこれまで15年以上に渡り日本オリンピック委員会の各委員会とプロジェクトなどの

委員などを歴任してきた。また、オリンピックやアジア競技大会へも日本選手団スタッフとして数多く帯同してきた中で、日本オリンピック委員会事務局スタッフが行える許容範囲を超える量と質の仕事が増えていることを実感している。

たとえば、4年間で行われる国際競技大会は、オリンピック（夏冬）、アジア競技大会（夏冬）、ユースオリンピック[注20]（夏冬）、ユニバーシアード[注21]（夏冬）を合わせると八つの大会がある。そのうえに東アジア競技大会、アジアインドア・マーシャルアーツゲームズ、アジアビーチゲームズ、アジアユースゲームズを合わせると12の総合競技大会がある。さらに、それぞれの大会において、組織委員会などとの事前のミーティングが現地で数回、行われる。合わせて日本での日本選手団の派遣準備の手続きをすることになる。

近年のトップスポーツを取り巻く環境の中では、事務局にしかできない仕事と、事務局ではできない仕事が明らかに混在している。その点を考慮し、改善を行うことは、アスリートファーストの観点から最も重要であり、必要である。

たしかに、競技団体にとって最も重要な育成・強化に関わる強化戦略プランの評価は、特別な仕事である。なぜならば、プランに記載している内容について把握し、的確なコミュニケーションを競技団体と行なったうえで評価をし、ときには改善策についてもアドバイスができるというチームはそうそうない。そこで、理事が責任者となり各委員会、部会などがその役割を担ってきたのが現状である。しかし、フルタイムではないこれらのメ

注20
国際オリンピック委員会主催の14～18歳を対象とした総合競技大会。

注21
学生を対象とした2年ごとに開催される国際大学スポーツ連盟（FISU）が主催する大会。

ンバーによって、新しい評価制度を担当することに限界がきているのも事実である。

私はイギリスおよびヨーロッパ諸国のトップスポーツ関係のスタッフとミーティングを行う中で「Evaluation（評価）」の重要性とそれにともなう検証、モニタリングおよびKPI（重要業績評価指標）について何度も聞いてきた。世界で評価の制度がなく、成功しているトップスポーツの組織は存在しない。

また、2012年ロンドン大会の政府レベルの評価では、I・ヘンリー教授らによる「メタ・エバリエーション」理論を活用した取り組みが効果を上げている。「メタ・エバリエーション」理論は、評価が適切に行われているのかを検証するために使われることが多い。さらに、評価の過程を重視し、評価を評価する理論として使われることもある。

日本ではトップスポーツの領域に正当な評価システムが導入されてこなかった。それは、「何となく」「専門分野だから」「外の人にはわからない」など、客観的な評価を避ける体質がスポーツ界にあったからだ。しかし、公的資金を使う状況である以上、評価を適切に実施していくことは義務である。なぜなら、2020年東京大会に向けてスポーツ界は、さらに国から莫大な公的資金を支出してもらう立場となるからである。

強化戦略プランの作成と評価システムの構築は、トップスポーツになくてはならない。このことを競技団体、統括団体、国が理解し、各分野のプロフェッショナルを雇用できる体制を整えることが、日本のスポーツを変えることにつながる可能性は高い。

# 6 東京大会終了後も見据えた新制度か？

## 時限措置付き法律改正で作られる新制度

いつの時代も社会において新しい制度が必要とされるのは、どの分野でも同様である。自動車、電車、航空機などによる交通機関の発達は、人々の活動範囲を広げ、経済にも大きな影響をおよぼしてきた。一方で渋滞、事故、環境汚染などの問題も引き起こしている。また、スマートフォン、ポータブルオーディオプレーヤーなどの発達により、人々は、どこでも気軽に音楽、ゲーム、SNSなどを楽しむことができる。一方で電車、街などでは他人とのトラブルの原因にもなっている。

こうした原因を解決するために新しい制度が作られてきた。自動車による環境汚染を改善するために自動車の排ガス規制、飛行場の騒音問題から発着陸時間の変更、電車内での音漏れ警告の掲示や規制が作られてきた。

新しい機器や制度の発達は、人々の暮らしを快適にすると同時に、新しい問題も引き起こしている。そのため時代に適した新しい制度が必要となる。つまり、技術の革新が生まれると、それにともなう制度の構築が繰り返される。

イノベーションという言葉を使って言い換えるならば、技術革新としてのイノベーションと持続可能な制度としてのイノベーションの二つが常に必要であり、これらがスパイラル状で進んでいくことが求められている。

日本は2020年に東京オリンピック・パラリンピックを開催することが決定しているが東京都、スポーツ界、政府、経済界などを中心にさまざまな形で準備が行われている。しかし、開催までの期間を考えた場合、さらに準備を加速させていく必要があるだろう。

2020年東京大会の開催は、国内外から多くのアスリート、スタッフ、ボランティア、観客を東京に集結させることになる。それにともない新しい機器やサービスが生まれると同時に、新たな問題も発生する可能性がある。このことを踏まえた制度の構築も必要だ。

2015年通常国会に提出予定の「東京オリンピック競技大会・パラリンピック競技大会特別措置法」では、国有財産の無償使用（陸上自衛隊朝霞訓練場、皇居外苑および北野丸公園）が可能となる。その他、寄附金付郵便葉書などの発行、組織委員会への国の職員の派遣などが盛り込まれことになるであろう。

これまで内閣の閣僚数は内閣法によって18人[注22]となっていた。しかし、特別措置法により、内閣法の一部が改正されオリンピック担当相が設置されることとなる。これにともない閣僚の数は、通常の18人プラス1人の19人となる。オリンピック担当相の設置は、2020年東京大会の準備を円滑に進めることを目的としている。

前述の国有財産の無償使用により、多くの競技・種別が陸上自衛隊朝霞訓練場を使用してトレーニングを行うことができるようになる。アスリートやチームにとって、2020年東京大会に向けたトレーニング施設の充実という点で大きなメリットになるであろう。

このように国の制度を変えるためには、法律を変える手続きを行なっていく必要がある。さらに、もう一つ忘れてはならないのは、この制度が2020年東京大会までの時限措置によることである。

そこでスポーツ界という分野で考えておかなければならないのは、2021年以降を見据えた新しい制度面でのイノベーションの構築である。2020年東京大会終了後、日本のスポーツ界は間違いなく大きな岐路に立つであろう。それまで増加の一途を辿ったスポーツ予算は、その後も増え続けるだろうか。破竹の勢いで多額の予算が投じられた湾岸エリアをはじめとした開発は、継続していくのであろうか。おそらく有識者を含めて多くの人がむずかしいと考えていることは十分に想像できる。

注22
復興庁が廃止されれば通常の大臣数は17人となる。

## 「日本オリンピック委員会」と「日本スポーツ振興センター」の役割

それではどのようなトータルデザインを考える必要があるのだろうか。ここでは、2021年以降を創造してトップスポーツの新たな制度を考えてみたい。

新しい制度を考えるうえで最も重要なことは、二つの点を並行して考えていくことである。一つ目は、国内でのトップスポーツの制度に関する問題点を明らかにすること。二つ目は、強豪国におけるトップスポーツの制度に関する情報を収集することである。

国内のスポーツに関する制度改革を論じるときに必ず出てくるのが、1980年モスクワオリンピックのボイコット問題である。当時、西側諸国の一員として、旧ソ連のアフガニスタン侵攻による批判からオリンピックをボイコットするという政治判断が日本で起こった。

そのため日本のトップアスリートは、4年に一度の機会を逃し、最大の目標であったオリンピックに参加して金メダルを獲得するという夢を諦めさせられた。これに抗議した現日本オリンピック委員会[注23]は、政治から距離を置き、独自予算での運営にこだわることとなった。

日本オリンピック委員会として独立すればマーケティング収入を含めて独自で運営できる。そうなれば国の方針に左右されることなくオリンピックに参加できる。ここまでの計

注23
当時は日本体育協会の一委員会として日本オリンピック委員会があった。その後、日本オリンピック委員会は1989年に日本体育協会から独立することになった。

画はよかった。しかし、財政的な問題から国の補助金を受け取って運営を行なっているのが実情である。

2014年度の国から日本オリンピック委員会への補助金は約26億円であった。そのほとんどが各競技団体への強化・育成費となっていた。

2012~2014年にかけて起こった競技団体の不正経理問題は、この補助金と日本スポーツ振興センターからの助成金を巡るガバナンス（組織統治）の問題であった。これらを解決するためには、競技団体のガバナンス機能を向上させることと同時に、補助金を配分する制度と補助金使用状況を含む経理に関するチェック機能を向上させることが不可欠となる。

政府は2020年東京大会の成功を視野に入れ、スポーツを一元的に統括する行政機構としてスポーツ庁の設置を打ち出している。政府案に則って考えた場合、スポーツ予算の一元化と確保はスポーツ庁が担い、国の機関である独立行政法人が競技団体に直接配分を行うことが、不正経理などのチェックを含めて最も簡潔であるように考えられる。さらに、この体制であれば今後、2020年東京大会に向けて予算が増額した場合にも耐えられ、国民への説明責任を果たせる可能性が高い。

ただ、これまで競技団体の統括組織として機能してきた日本オリンピック委員会の役割を考えておく必要はある。

そこで日本オリンピック委員会と日本スポーツ振興センターは組織形態が違う点を整理しておきたい。日本オリンピック委員会は民間団体であり、公益性を法律にもとづいて認定された公益財団法人である。日本オリンピック委員会が独自の予算を法律を違反しない限りどのように使っても問題はない。しかし、国の公的資金については、この限りではない。

一方、日本スポーツ振興センターは独立行政法人である。スポーツ庁が基本方針である政策を立案し、日本スポーツ振興センターが具体的な方針を決めて推進していくのは公的資金を使う以上は当然であり、このことにより責任の所在が明確となる。

一つ例をあげるとすれば、日本オリンピック委員会の会長を国会が呼び出し参考人質問を行うことは、よほどのことがない限りあり得ない。しかし、日本スポーツ振興センターの理事長は、国会からの参考人質問で会期中に何度でも呼び出され、厳しい質問の追求を受ける。それだけ公共性が高いということになる。

トップスポーツに関する世界の情報については、これまでも何度か触れてきたが、ここでは、イギリスの例を紹介しよう。前述の通りイギリスではトップスポーツに関する予算は、UKスポーツが文化・メディア・スポーツ省（DCSM）と国営宝くじから資金を受取り、配分を行なっている。

イギリスオリンピック委員会とイギリスパラリンピック委員会（BPA）には国からの

**図表13 イギリスにおけるスポーツ政策の大枠**

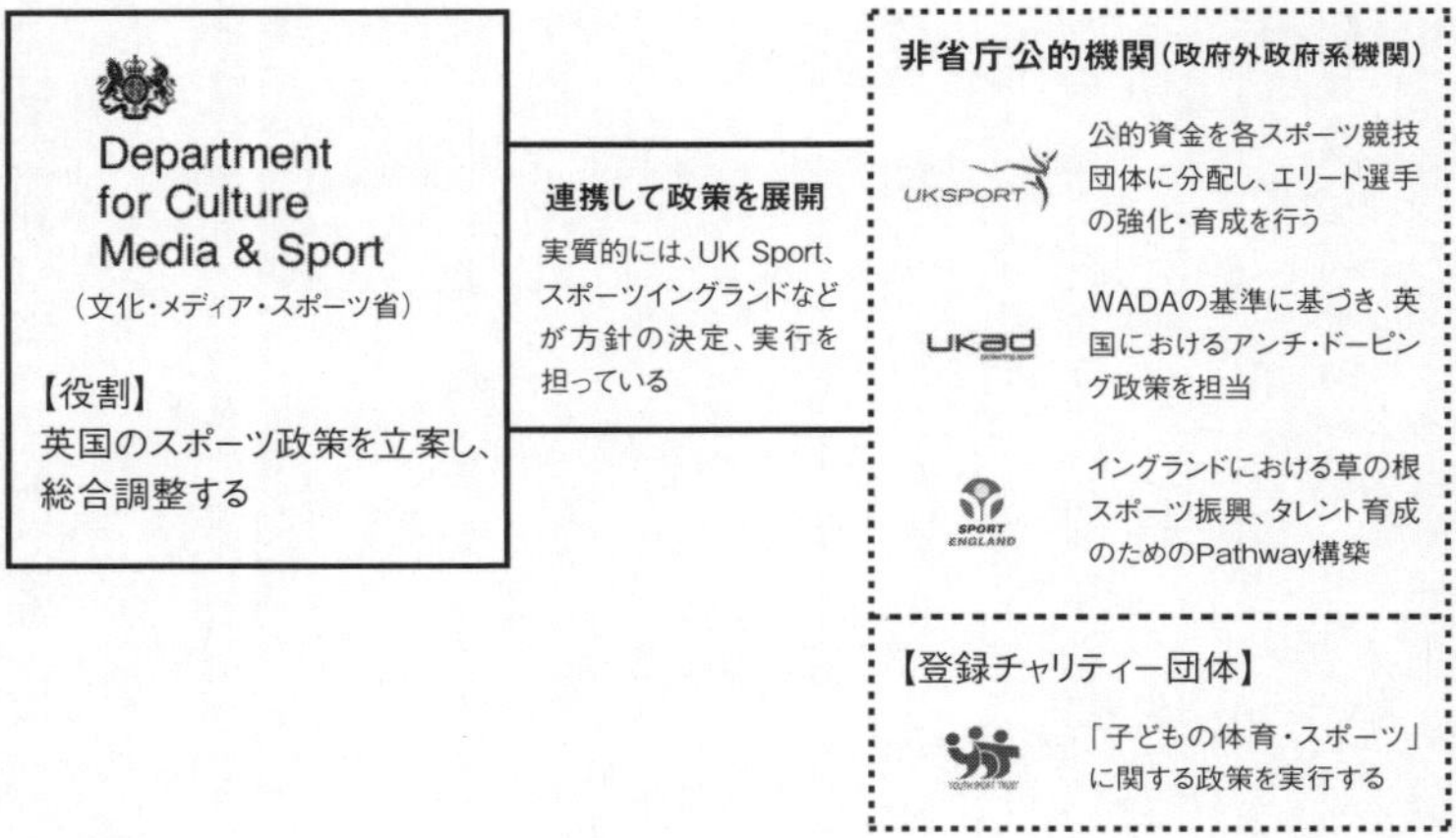
Department for Culture Media & Sport
（文化・メディア・スポーツ省）
【役割】
英国のスポーツ政策を立案し、総合調整する
連携して政策を展開
実質的には、UK Sport、スポーツイングランドなどが方針の決定、実行を担っている
非省庁公的機関（政府外政府系機関）
UK SPORT
公的資金を各スポーツ競技団体に分配し、エリート選手の強化・育成を行う
UKad
WADAの基準に基づき、英国におけるアンチ・ドーピング政策を担当
SPORT ENGLAND
イングランドにおける草の根スポーツ振興、タレント育成のためのPathway構築
【登録チャリティー団体】
「子どもの体育・スポーツ」に関する政策を実行する

資金は配分されていない。両者は自己財源を広告などから稼ぎだし、事業を展開しているのが特徴である。

金メダル獲得ランキング第１位のアメリカは、国からの補助を一切受け取っておらず、自己財源による運営を行なっている。主体となっているアメリカオリンピック委員会のフルタイムスタッフの数は、約６００人と言われている。

同ランキング第２位の中国と第４位のロシアは、国を挙げての潤沢な支援が特徴的であり、冷戦前の東側諸国の制度が垣間見られる。

オーストラリアは、政府外政府系機関であるオーストラリア・スポーツコミッション（ＡＳＣ）がスポーツに関する統括組織となっている。その下にトップス

**図表14 イギリスのトップスポーツ**

■公的資金の流れ

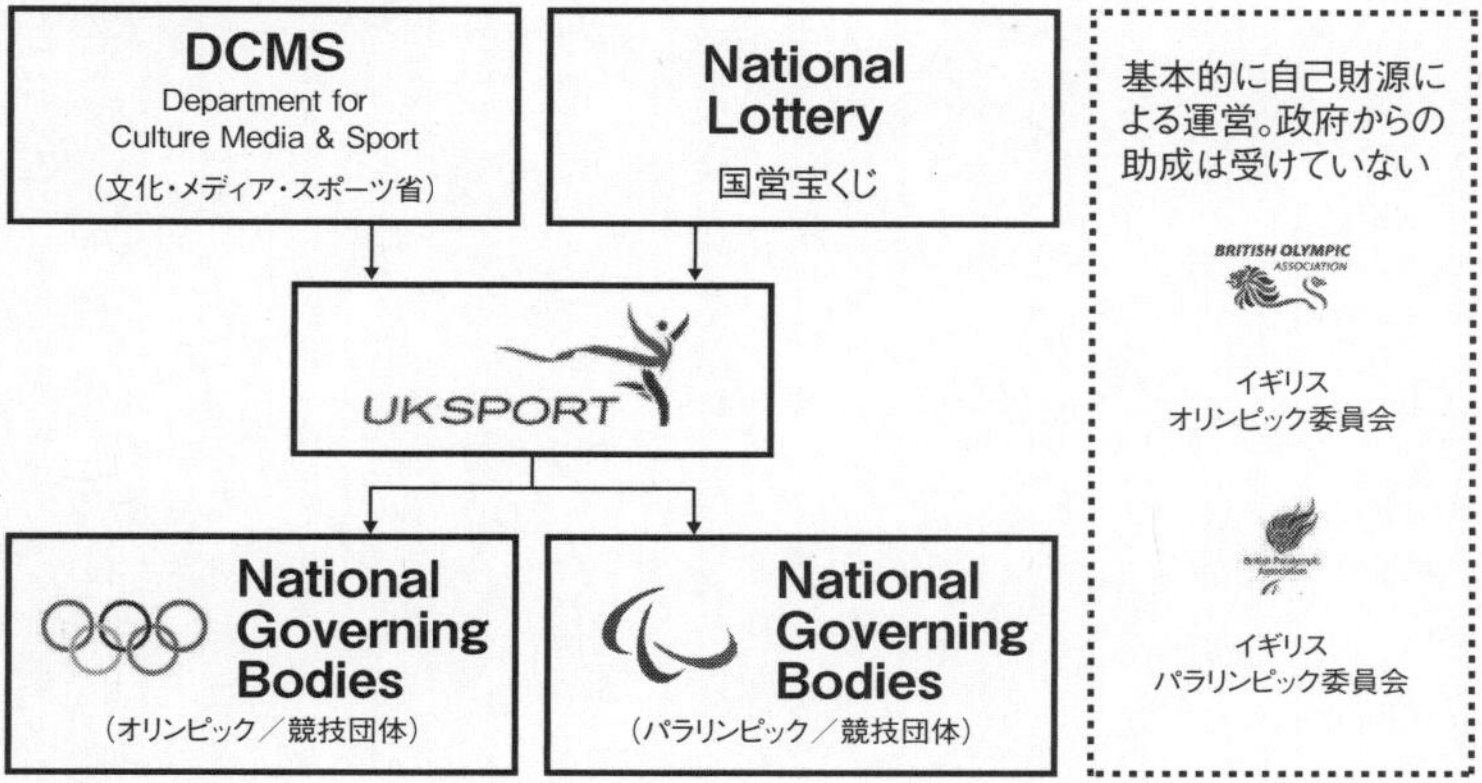


ポーツの強化・育成を担うオーストラリアスポーツ研究所が配置され、実質の執行機関としての役割を果たしている。

このことから国の規模やトップスポーツに関わる予算などを考慮していくと、日本が今後参考にすべきは、ＡＳＣやイギリスのＵＫスポーツであることがわかる。

ただ、諸外国でうまくいっている制度をそのまま日本に導入しても機能するとは限らない。そこで、日本の実情や競技団体の背景を考慮することも忘れてはならない。

最も重要なことは、２０２１年以降に起こる可能性の高い技術のイノベーションを創造し、それに耐えられるような制度のイノベーションを構築する準備をはじめておくことである。

それがトップスポーツで、世界の強豪国から一歩先をいくトータルデザインを描くことにつながるのではないだろうか。

その意味からも、ビジネス界からスポーツ界への人材の流入が望まれる。これまで述べてきたように、２０２０年東京大会は日本が多くの面において変革できる機会であり、スポーツ界にとっては50年振りの最大で最後の機会となる可能性が高い。おそらく本章で説明してきたことは、スポーツ界の人材だけで、変革をなし得ることはむずかしいであろう。

# PART 5

# 「ボランティア」から「プロフェッショナル」へ
# 情報が活きる組織改革とは？

# 1 「ビジネス」と「プロフェッショナル」

## コーチがフルタイム契約でないことの限界

2012年のロンドンオリンピックを目指した男子レスリング日本代表チームは、佐藤満強化委員長[注24]のもと、鉄の結束で24年振りの金メダル獲得を目指して毎月2回以上の代表合宿を行なった。場所は東京都北区西が丘のナショナルトレーニングセンターだった。

多くの代表選手は、企業と契約を結んだフルタイム・アスリートであり、現役中は当面の生活で心配する必要がない者が多かった。ただ、一部の者はアルバイトなどで生計を立てていた。また、現役を引退したあとの生活については保証がない者もいて、この部分についてはレスリングだけでなくトップスポーツ全体の大きな問題となっている。

一方、代表選手を支えるコーチ陣の所属は、自衛隊体育学校、警視庁、大学とさまざま

注24
1988年ソウルオリンピック・レスリングフリースタイル52kg級金メダリスト。

であり、代表合宿へは所属の特別な取り計らいや、有給休暇などを使って参加しているのが実情だった。ただ、自分たちが現役時代に同様にしてもらっていたことと、レスリングへの想い、何より代表選手に金メダルを獲得させたいという強い想いが代表合宿参加のモチベーションになっていたことは間違いない。

2010年1月、UKスポーツが日本のトップスポーツの視察にやってきた。UKスポーツの目的は、日本の中でもメダル獲得が有望な競技・種目を視察し、ヒアリングにより実情を把握することだった。その中でレスリングも視察の対象になっていた。練習の視察後、UKスポーツのリーダーなどのメンバーから私たちはヒアリングを受けた。

一通り終わって、リーダーが帰り際に「コーチがフルタイムでないことはこの制度の限界だね」と言ったという話を後日、聞く機会があった。そのとき、私はボランティアとして代表チームに関わっているからこそ日本は強いのだと、逆に確信した。

2012年ロンドンオリンピックで男子レスリング代表チームは、24年振りの金メダルと銅メダル二つを含む三つのメダルを獲得した。さらに、1952年のヘルシンキオリンピックから続くオリンピックでの連続メダル獲得記録を15個へと伸ばした。日本においては唯一、男子レスリングだけが続けている記録である。

ただ、反省もなくはなかった。私たちコーチ陣の中では、あれもこれも、もっとできたのではないか、また、なぜあのときにこうしたのだろう？　もう少しこうしておけばよかった、と多くの思いが駆け巡ったのである。

私は帰国後、改めて「コーチがフルタイムではないことはこの制度の限界だね」という、UKスポーツのリーダーの言葉を想い出していた。確かに強豪国と言われる国々は、アスリートもコーチもフルタイムで競技に専念している。また、日本も少なくとも、プロスポーツはコーチがすべてフルタイムである。しかし、オリンピックに関わるトップスポーツはそうではない場合が多い。

オリンピック競技・種目でも専任コーチ制度などがあり、1年契約（契約の延長は妨げない）ではあるが、フルタイムコーチとして活動できる者もいる。しかし、この数は限られている。少なくとも男子レスリング代表チームには、専任コーチがいなかった。

日本では強化のフロントラインだけでなく、各種委員会、そして事務局スタッフの中にもボランティアがいる。本来、フルタイムで行うべき仕事をボランティアとして実施しているのは、財政面の問題が最も大きい。サッカーやバレーボールなどの一部の人気競技以外は、ほとんどが脆弱な財政状況が続いている。

## スポーツでお金を稼ぐことは悪なのか？

しかし、それだけではない。日本のスポーツ界には、昔から「スポーツに関わりお金を稼ぐことは悪いことだ」という悪しき風習があるのも事実である。私のまわりには、多くのさまざまな仕事をしているスポーツ関係者がいる。彼らは同様に競技団体の仕事をしているが、ほとんどがボランティアである。普段は専門の職業人として1日数万円稼ぐ仕事をしていても、代表チームにつくと1日数千円で何週間も遠征に出ることがある。

日本のスポーツ界の実情は、このようなボランティアに支えられてきたことは間違いない。ただ、いつまでもこの状態が続くことがいいとは思わない。もちろん、すべてのスポーツの組織が、ボランティアでなくフルタイムスタッフを雇用せよというのではない。少なくともトップスポーツと言われる分野で、最低限のスタッフがフルタイムで働ける環境を準備することが望まれる。

こうした日本の環境に慣れていた私が、2008年以降に諸外国のスポーツ組織とのミーティングの中で「ビジネス」と「プロフェッショナル」という言葉をよく耳にするようになった。今でもそのときに若干の違和感を抱いたことをよく覚えている。その後もスポーツ界の中で、どうしても「ビジネス」と「プロフェッショナル」という言葉がしっくりこない日々が続いていた。

その私が、イギリストップスポーツ関係者とのコミュニケーションの中で、何度もこれらの言葉を聞くことになった。「私たちはビジネスをしているのだ」「それはビジネスとして当然である」「これはビジネスである」「私たちはプロフェッショナルとして当然のことを行なっているだけである」「もちろんフルタイムだ」などである。

実際に暮らしていく中で彼らとのミーティングを重ね、これらの言葉を聞くと今まで感じていた違和感がスーッとなくなっていったのも事実である。特に、私にこのことを教えてくれたのは、English Institute of Sport（ＥＩＳ）のある部門のディレクターだった。彼はＥＩＳの中でパラリンピックの医科学サポートを担当していた。彼の話は理路整然としていてわかりやすく説得力があった。

私はそれまでパラリンピックという競技をよく知らなかった。しかし、彼と話をする中でイギリスがパラリンピックをサポートする理由が明確になっていった。

私はパラリンピックの前身が、もともとは第二次世界大戦で負傷した傷痍《しょうい》軍人を受け入れていたイギリスのストーク・マンデビル病院で行われた競技大会であることと、その後、現在のパラリンピックへと発展していったことを教えてもらった。また、パラリンピックという名前で開催された第１回大会が、１９６４年に東京で開催されたことも後に知ることとなった。

２０１２年のロンドンパラリンピックでイギリスは、中国、ロシアに続いて金メダル獲得ランキング3位となり、前回の北京大会の2位に続く成績を残し、世界の強豪国の地位を築いている。この成績の要因は、ＵＫスポーツの「ミッション２０１２」とも大きく関係している。さらに、マテリアル開発も成績と大きく関係していることが、彼との話し合いから理解できた。

ただ、私が彼との話し合いや彼がパラリンピアン（パラリンピック選手）と話している様子を見ていて強く感じたのは、彼の仕事がパラリンピックをフィールドにしているだけでオリンピックと何ら変わりはないという点であった。彼の中では、オリンピック選手とパラリンピック選手に何も違いはなく、接し方もまったく普通であった。私は彼の「プロフェッショナルとして自分たちの役割を粛々と実行するだけである」という働き方に感銘を受けた。しかし、このことで私自身がオリンピックとパラリンピックを別のものと考えていたことに気づかされたことも事実であった。

ラフバラ大学は陸上と競泳のパラリンピックの拠点の一つでもあるため、多くのパラリンピック選手とオリンピック選手、学生アスリート、その他が一緒にトレーニングを行なっていた。この光景はまったく違和感がなかった。さらに、受け入れている大学側のスタッフも自然な対応であり、アスリートを含めた関わるすべての人々がそれぞれの役割をプロフェッショナルとして行なっていた光景は新鮮であり、参考となった。

日本と諸外国では、社会的な制度の違いが存在する。しかし、２０２０年東京大会開催を控えている中でスポーツ界の常識をよい方向に変革していく最大の機会である。長い間、さまざまな業務をボランティアでやってきた日本のスポーツ界にも変革の時期が来ている。

# 2 スポーツ界の構造改革「スポーツ庁設置」

## 複雑化する公的資金の流れを変えるスポーツ庁設置

２０１４年臨時国会中に閣議決定された「東京オリンピック競技大会・パラリンピック競技大会特別措置法」にもとづき、首相を本部長とするオリンピック・パラリンピック推進本部を内閣に設置することが構想として記載されていた。副本部長には、オリンピック・パラリンピック担当大臣が就任する。また、この推進本部はすべての大臣によって構成されており、法案が成立されれば、まさに国を挙げての体制が整う。しかし、この法案は、衆議院議員選挙にともない廃案になった。そのため、今後新たに閣議決定、国会審議の順で成立に向けて進められることになる。

一方、スポーツ界の構造は、現在会期中の第１８９回通常国会にてスポーツ庁の創設に向け、文部科学省設置法を改訂する方向で調整が進められている。秋にはスポーツ庁の設置が実現する見込みであり、それを受けて大きく変わることが予想される。さらに、スポーツ界の構造をより健全化していくためには、一般社会の眼を導入していくことが必要となる。そのためには一般社会に広くスポーツ界のことを知ってもらうことである。ここでは、これまでのスポーツ界における諸問題とスポーツ組織の役割について述べたい。

まず、重要な背景として、２０１３年2月文部科学大臣が「日本スポーツ史上最大の危機である」との声明を出した。このことは指導者による暴力問題が発端であるが、その他に競技団体の不正受給問題を含むスポーツにおける度重なる不祥事が相次いだことが大きな要因であり、日本オリンピック委員会や各競技団体（ＮＦ）のガバナンス（組織統治）の問題が指摘されていた。特に公的資金の不正受給は、大きな社会問題でもある。

この問題が起こった構造は、競技力の強化に関する公的資金の流れと深く関係している。現状は、競技力強化の主体である競技団体に対して、大きく二つの国費の流れがある。

一つ目は、日本オリンピック委員会から競技団体に向けた補助金と国の委託事業費であり、二つ目は、日本スポーツ振興センターから競技団体に向けたスポーツ振興基金、スポーツ振興くじによる助成金、そして国の委託事業費である。

各競技団体への二つの国費の流れは、それにともなう書類の提出やヒアリングなどが重なる部分もあることから複雑さを増しているとの意見もある。これに加えて各競技団体は、自己財源による競技力強化に関する事業もある。もちろんこの部分については、国費とは別であり、自己裁量により処理されても問題はない。しかし、過剰な財務処理や複雑化する業務は、競技団体のガバナンスを揺るがす可能性が高い。

そこで、スポーツ庁設置にともない複雑化している公的資金の流れと、それにともなう手続きなどについては、簡素化することが望ましい。

## 行政組織、民間企業、大学によるオールジャパン体制の構築を！

次にオリンピックやパラリンピックを取り巻くスポーツ組織について、日本スポーツ振興センター、日本オリンピック委員会、日本体育協会（ＪＡＳＡ）、日本障がい者スポーツ協会（ＪＰＳＡ）、各協団体を中心にそれぞれの役割を再確認してみたい。

日本スポーツ振興センターは我が国唯一のスポーツ系の独立行政法人であり、スポーツくじ（ｔｏｔｏ）の販売および販売利益によるスポーツ界への助成、スポーツ振興基金の管理と助成、国立競技場、代々木第１・第２体育館の管理・運営、味の素ナショナルトレーニングセンターの管理、さらに国立スポーツ科学センターも日本スポーツ振興センターの一部門である。また、一連のスポーツ界の不祥事を受けて２０１３年12月、閣議により「独立行政法人改革などに関する基本的な方針」が決定された。これにより日本スポーツ振興センターは不正防止策を強化するとともに、受給団体のガバナンス強化に対する支援を行うことを政府より指示された。

日本オリンピック委員会の最も大きな役割は、二つある。一つ目は、オリンピック・ムーブメントの普及と推進である。二つ目は、オリンピックを含む総合競技大会への日本選手団の派遣である。この二つは、国内唯一のナショナル・オリンピック委員会として日本オリンピック委員会にしかできない役割である。

スポーツ庁設置にともなう一連の予算一元化問題によるメディアの報道で、最も日本オリンピック委員会がこだわったとされるのは競技力強化の部分であり、これまで統括団体として力を入れてきたとされる部分である。この議論の最も重要なポイントは、日本オリンピック委員会が言う強化とは何を指すのかを明らかにすることである。

直接的な競技力の強化は、柔道、レスリング、体操、競泳などの各競技団体が行なっている。レスリングの吉田沙保里選手、体操の内村航平選手、競泳の北島康介選手らは、各競技団体の強化コーチが強化合宿、海外遠征を計画し、実行する中で本人たちの最大限の努力により世界選手権、オリンピックなどでメダルを獲得してきた。

競技力強化に関しては、これまでも、そして今後も競技団体が自ら行う領域であることに変わりはないことがわかるだろう。

それでは、日本オリンピック委員会が言う強化とは何を指すのか。それは、前述の日本オリンピック委員会の役割の一つである、オリンピックなどでの派遣が大きなポイントとなる。オリンピックやアジア競技大会などの総合競技大会は、単独の世界選手権などと違い特殊な環境の中で行われる。この中で実力を最大限に発揮するためには、海外渡航、現地での大会前の最終調整、大会期間中の調整など、コンディショニングに最大限の注意を払う必要があることは、多くのスポーツ医科学の先行研究で報告されている。

この部分に日本オリンピック委員会が力を発揮することで、日本選手団としての総合力が強化される。つまり、この部分こそ日本オリンピック委員会が最も力を入れるべき強化と考えることが妥当ではないだろうか。

日本体育協会の役割は、国内におけるスポーツの普及と振興であり、そのために指導者などの養成、国民体育大会などの開催、スポーツ少年団の活動推進、総合型地域スポーツクラブの育成と普及に関わる事業の推進などを実施している。

日本障がい者スポーツ協会の役割は、障がい者へのスポーツの普及と振興を図ることであり、そのための事業を展開している。統括組織として厚生労働省の認可を受けて1965年に設立された。さらに、日本パラリンピック委員会を1999年に組織内に設置し、パラリンピックの普及と派遣を担っている。

これまで述べてきたが、日本におけるオリンピック・パラリンピックを取り巻くスポーツ組織の課題は、大きく二つに整理できる。一つ目は、国費による資金の流れの明確性でである。この部分を公平公正にした中で簡素化することにより、競技団体の負担を減らし効率を上げることができる。二つ目は、スポーツ庁が設置された後に制度を執行する組織の構築である。行政組織として政策を立案し、財源を確保するスポーツ庁と、政策を執行し、財源を配分するスポーツ庁直轄の組織を同時期に構築する必要がある。

新設されるスポーツ庁には、文部科学省のスポーツ青少年局が横滑りで入ることが予想されている。しかし、スポーツに関わる予算や政策は、経済産業省、国土交通省、厚生労働省、外務省など多くの省庁にまたがることが、これまでの報告からも明らかとなっている。これらの関係省庁からの出向や移籍を含めて考えるとともに、民間企業からの人材の受け入れも広く考えるべきである。

たとえば、経団連や新経団連が窓口となり、参画企業から一定の拠出金を募り、その財源でスタッフを一定期間派遣することは、専門知識の有効活用からも大きな意義がある。また、大学や研究機関からの出向制度も視野に入れることで、これまでにない斬新な政策を立案できる体制も整う可能性がある。

スポーツをスポーツだけで終わらせることなく、民間企業や大学、研究機関を大いに活用した、これまでにない行政組織を発案することが、2020年東京大会の成功とその後の新しい時代に向けた準備につながると考えられる。

# 3 スポーツ界に求められるビジネスセンス

## 「ラフバラマフィア」という人々

スポーツ界は2020年東京大会以降に向けて公的な資金の注入だけでなく、自助努力による資金の獲得が大きな課題である。これまでトップスポーツの世界では、競技力強化や育成に力を入れることはあっても、自分たちの競技や組織をビジネスに結びつけるという発想が乏しかった。そこでここでは、自助努力により資金を捻出しているスポーツに関わる組織の海外事例を紹介したい。

ヨーロッパのトップスポーツ組織のあいだでは「ラフバラマフィア」と呼ばれている人々がいる。国際オリンピック委員会、国際競技団体（IF）、イギリスオリンピック委員会、イギリスパラリンピック委員会、EIS、そして2012年元ロンドン大会組織委員会などには、ラフバラマフィアがいると言われている。

ラフバラマフィアとは、イギリスにあるラフバラ大学の卒業生や所属の研究者などを指す俗語である。ラフバラ大学は、イングランド中部地区（East Midlands）レスター州ラフバラに位置する10の学部を有する総合大学である。文武両道で、イギリスでは学生の人気ランキング1位でもある。ガーディアンやタイムズという高級日刊紙では、デザイン学部、スポーツ科学部は教育面で、最も高い評価を受けている。

スポーツの分野で、スポーツ政策、スポーツ社会学などのスポーツマネジメント系では、世界的にも有名な教授陣が多く在籍している。その他、自然科学系でも著名な教授陣が多く、卒業生には、2012年ロンドン大会組織委員会会長のS・コー（現イギリスオリンピック委員会会長）をはじめ、ワールドクラスの元トップアスリートが多数いる。

## 大学の立場を基盤にビジネスを展開する「ラフバラ大学」

ラフバラ大学の中長期戦略には四つの柱がある。それは「教育、研究、事業、スポーツ」である。その中で前述のP・キーン（現スポーツ推進戦略部長）によれば、「スポーツはエコシステムのようなものである。他の三つの分野にとっても欠かせないものであり、相互依存によって発展していくべきものである」との考え方を滞在中に聞くことがあった。

ラフバラ大学では、さまざまなスポーツビジネスを展開している。たとえば、工学部を中心とした「Sports Technology Institute（ＳＴＩ）」は、「Research ＆ Innovation（研究開発）」を推進している組織である。最新のテクノロジーを駆使してテーラーメイドの用具などを開発している。代表的な開発製品として、アディダス社と共同開発したサッカーワールドカップ用のボールがある。この他、ニューバランスとの共同開発のシューズ、ラグビーのイングランド代表チームのユニフォーム、ゴルフクラブなど、数多くの用具の開発を手がけている。２０１２年ロンドン大会に参加したアスリートへも、研究開発という分野を通してサポートを行なった。

スポーツパーク（Sport Park）は、ユニークな発想で生まれたオフィスビルである。２０１０年1月、ラフバラ大学の広大な敷地（東京ドーム35個分）の西部に、総工費が１５００万ポンド（当時）のスポーツ団体のための高機能オフィスビルとして設立された。大学に加え、スポーツ・イングランド（Sport England）[注25]、East Midland 開発公社[注26]、その他二つの地方自治体が出資することで完成した。

入居している組織間の協働・交流を促進するため、カフェテリアや休憩スペースを広めに取っている。天井にはプロジェクターが数カ所に設置され、いつでもミーティングスペースに変えることができるしつらえが整い、窓も大きく開放的な雰囲気が特徴である。また、学内の教育・研究機関との行き来がしやすいように、他のビルとのアクセスにも

注25
グラスルーツの普及、タレントのパスウェイ作成、イングランドでの国営スポーツくじの助成金の分配を主な業務としている。

注26
ラフバラ大学のあるEast Midlands 地域の産業振興と雇用促進を目的として１９９９年に設置された。

配慮されている。ラフバラ大学の学生は、入居している各組織のインターンができるようサポートも整っており、両者が合意すれば卒業後に就職するケースもある。

ビル内には会議室、シャワースペースなどを備える他、ジムも併設されている。早朝や昼の休憩中に運動ができるようにビルの周囲にはジョギングコースも整備され、駐車場はミニスポーツスペースとしても利用可能である。環境持続性にも配慮され、空調・換気システムには自然エネルギーを活用しイギリス環境評価制度の最高ランクを獲得している。

現在は、UKスポーツ（タレント発掘育成チーム）、スポーツ・イングランド（コールセンター他一部の機能）、ユーススポーツトラスト（Youth Sport Trust本部機能、約70人のスタッフ）[注27]、イングランド障がい者スポーツ協会（English Federation of Disability Sport本部機能）、NGBs（日本の競技団体）など、合計13のスポーツ組織が入居している。これらの組織から家賃収入がラフバラ大学に入ることになる。

ラフバラ大学は、地理的にイギリスの中心に位置する。ロンドンからは列車で約1時20分、最寄りの駅から大学まで車で約10分、高速道路も近く（約3分）国内の主要都市への移動が便利な場所にある。さらにヨーロッパ諸国に行くにも、イースト・ミッドランド空港が近郊にある（自動車で約15分）。この利便性を大学側が、各組織とのビジネスミーティングで活用し、交渉を有利に進める材料としている。

大学の立地、既存のハードとソフトを合わせて綿密な戦略にもとづき新しい施設の建設

注27
1994年に設立された登録チャリティー団体。学校を中心として若者のスポーツ参加促進を実施している。

を計画する。そして、施工と同時にオフィスビルに入居する候補組織に営業をしかける。まさに大学を活用したビジネスがここにある。この他にも多くの参考となるスポーツビジネスの例が多くある。ラフバラ大学のスポーツビジネスは、所属している人（学生、職員、教員など）、施設、ネットワークという資源を最大限に活用している。それと同時に、外部資金を調達したうえで持続性を考慮し、展開していることがわかる。

一方、日本では競技団体、統括組織、大学、その他のスポーツに関わる組織で、持っている資源をフル活用してビジネスを展開しているところは少ない。その理由は、適材適所に人を配置できていないことと、能力ある外部の人をスカウトできていないことが大きな原因と考えられる。

## ビジネスプランに必要な「持続性」とは？

朝の通勤時間帯におけるロンドンの街では、乗客を乗せる赤い2階建てバスの横を駆け抜けていく多くの自転車通勤者を見かける。

イギリスにおけるトップスポーツの人気競技の一つが自転車である。イギリス自転車連盟（BC）は、1959年に創立された組織であり、本部はロンドンから列車で2時間強のイングランド北部マンチェスターにある。

1996年のアトランタオリンピックでは、金メダル獲得数は0、メダル獲得数世界ランキングは17位であった。当時のイギリス自転車連盟のスタッフ数は16人であった。同連盟では、自転車に乗る人のためのメンバーシップ制度（自転車保険や自転車レースに出場するための資格を付与する制度）を運営しており、その参加者は1万3000人で、イギリス国内の自転車人気はヨーロッパ他国と比べると非常に低い状態であった。

危機感を覚えたイギリス自転車連盟は、独自のビジネスプランを作成し、2000年のシドニーオリンピックの1㎞タイムトライアルで驚異的な世界記録で金メダルを獲得した。

このことが国内中で話題となり、自転車人気が一気に盛り上がった。その後の2004年アテネ大会では金メダル獲得ランキング3位、2008年北京大会では2位のフランスを大きく引き離す8個の金メダルを獲得し、見事ランキング1位へと昇り詰めた。自国開催の2012年ロンドン大会でも同様に、8個の金メダルを獲得したことは記憶に新しい。

競技力の向上はメンバーシップ制度でも大きく貢献し、1万3000人から76万9694人（2013年8月時点）となり、イギリスでの自転車の利用人口は大幅に増えた。このことは同時に、登録料を含む固定財源の増加を表す。現在、イギリス自転車連盟のスタッフ数は約250人であり、わずか17年で約16倍に増えたことになる。

イギリス自転車連盟の躍進は、政府の資金援助があったことは大きな要因の一つであるが、独自の中長期のビジネスプラン作成が大きなポイントであった。オリンピックや世界選手権で勝つためには、才能のあるタレントを発掘して育成するシステムを構築することが重要だ。そのことに気づいていた同連盟では、政府系の協同パートナーの支援とスポンサーパートナーを多く獲得することで安定した資金を調達しシステムを構築した。

獲得したスポンサーの中でもＳｋｙ（スカイ、イギリスのテレビ局）は、大スポンサーであるとともに、「チームスカイ（Team Sky）」という自転車競技のプロフェッショナルチームを２００９年に結成し、わずか3年でツール・ド・フランスから優勝者を出した。このことがさらに自転車人気を高めることにつながっている。

イギリスのスポーツで成功している組織のビジネスプランの特徴は、持続性を重視している点であり、イギリス自転車連盟が成功をした要因もここにある。政府の援助だけでなく、自己資金の獲得に力を入れたことが重要である。

さらに、資金の注入先として次世代のスター選手の発掘・育成、自転車の普及活動などを計画的に進めてきたことが、イギリスで代表競技へと成長した。またイギリス自転車連盟では、トップスポーツの競技力強化で最も重要なコーチ養成にも独自の制度を取り入れ、持続性を持たせている点も忘れてはならない。

最後にマンチェスターの本部に掲げられているイギリス自転車連盟のスローガンを紹介したい。

「WINNING IS OUR BUSINESS」

# 4 知の集積基地「ハイパフォーマンスセンター」

## 日本トップスポーツの拠点、東京都北区西が丘地区

東京都北区西が丘には、日本のトップスポーツの拠点となっている味の素ナショナルトレーニングセンターと国立スポーツ科学センターがある。

２００１年10月に開所した国立スポーツ科学センターは、トップスポーツをスポーツ医学・科学・情報面からサポートするための機関としての役割を担ってきた。ただ、その施設には、ミニトレーニングセンターとしての機能も有し、50Mプール、シンクロプール、レスリング場、フェンシング場、ハイパフォーマンスジム、ウエイトトレーニング場、射撃場、レストラン、リハビリテーションセンター、スポーツ診療を行うクリニック、宿泊施設、会議室などが併設されている。

さらに、宿泊施設の一部は低酸素室となっており、標高1800〜3000Mに設定可能となっている。つまり、この部屋では、平地にいるのに富士山の中腹で寝ている状態を作れるわけである。

このメリットは少なくない。たとえば、海外の高地で大会が開催されることのあるスキーのジャンプやコンバインドなどのチームは、国立スポーツ科学センターの低酸素宿泊施設で順化（環境への適応）を行なったうえで現地入りすることができるため、コンディションの面で有利となる。

一方、ナショナルトレーニングセンターは、スポーツ施設と宿泊施設を中心としており、2008年1月にトップスポーツ界が待望するなかでオープンとなった。1000畳の畳が敷かれた世界一の柔道場、6面のマットが敷かれたレスリング場、最新の器具を備えて男子6種目、女子4種目が同時にトレーニングできる体操場、バレーボールコート2面、バスケットボールコート2面、ハンドボールコート2面、バドミントン場（コート10面）、卓球場（卓球台10面）、ウエイトリフティング場、ボクシング場、テニスコート（4面）、ウエイトトレーニング場、多目的ホール、アーチェリー場、リカバリープール、屋根付きの400Mトラックを有する陸上競技場などのスポーツ施設の他、レストラン、約450人が宿泊できる施設、大小の会議室などが揃っている。

この完成を受けて西が丘地区は、夏季競技を中心としたトップスポーツの拠点としてハード機能を揃えている。これだけの競技・種別のトレーニング場と宿泊や会議室を一同に集めた施設は、世界でも類を見ない。

## 競技団体間の知識を共有できる唯一の場

レスリングの日本代表チームは、国立スポーツ科学センターができるまで練習拠点がなく、自衛隊体育学校や各大学を転々としながら強化合宿を行なってきた。しかし、2001年10月以降は、合宿場所を探す手間がかからなくなったばかりか、最高のトレーニング環境と最新のスポーツ医・科学・情報のサポートを手に入れることになった。私はナショナルチームコーチとして国立スポーツ科学センターおよびナショナルトレーニングセンターの機能を活かして効率的に使うための戦略を立案し、実行する担当もそれぞれの開所当時から担ってきた。

利用している多くの人たちは、ナショナルトレーニングセンターがトレーニングと宿泊施設、国立スポーツ科学センターがスポーツ医・科学のサポートを受ける場所と、役割を分けて理解している。ただ、競技団体によっては、ナショナルトレーニングセンターと国立スポーツ科学センターの区別がつかない人も少なくない。それは、国立スポーツ科学センターが各競技団体のトレーニング施設を併設しているからであろう。

私はこれまで大会、強化合宿や会議などで約40カ国を訪問しているが、諸外国でトレーニングの拠点とスポーツ医科学のサポートを分けてとらえている国は少ない。むしろ強豪国であるアメリカ、オーストラリア、イギリス、ドイツ、フランス、スペインなどは、総合的な視点に立ち、包括的にとらえて運営がなされている。

私は世界的な流れに沿って、西が丘地区をハイパフォーマンスセンターとしてとらえて、総合的に活用するべきだと提案したい。

考え方としては、ナショナルトレーニングセンターの中にスポーツ医・科学部門があるのが普通であり、包括的にとらえて活用していくべきである。しかし、これまで日本ではそのようにとらえられていなかった。もちろん、これには設立時の歴史的な経緯も少なからず関係している。

ナショナルトレーニングセンター設立時に施設の管理を日本スポーツ振興センターとし、実質の運営を日本オリンピック委員会とした。しかし、時代の変化とともに、このねじれた現象も解消するときに来ている。

また、これまで述べてきた通り、ナショナルトレーニングセンターと国立スポーツ科学センターともにハードが充実した施設であることは間違いない。しかし、最も優れている点を見落としてはならない。それは、ナレッジ(知識)機能である。

これだけ多くの競技団体のトップアスリート、トップジュニアアスリート、トップコーチ、スポーツ医・科学・情報のサポートスタッフが一同に揃う場は国内にない。夏季競技だけでなく、冬季競技も活用しているナショナルトレーニングセンターと国立スポーツ科学センターは、さまざまな情報を一元化して収集し、蓄積できる場と言えるだろう。そのことを前提に考えた場合、さまざまなナレッジの宝庫が西が丘地区である。このナレッジを競技団体間で共有することで多くのメリットが得られる。

## オリンピックとパラリンピックのナレッジ共有も可能に

さらに、2020年東京大会に向けて拡張計画も進められており、パラリンピックの強化・育成の拠点としても活用される予定だ。そのことを視野にいれると、オリンピックとパラリンピック間でナレッジを共有することも新たに考えられる。

世界の強豪国との戦いは、アスリートやチームだけの戦いから競技団体、統括組織、さらには国を挙げての総合力の戦いになっている。そのため、競技間を超えたナレッジの共有は、日本の重要な武器になるはずだ。

さらに、トップスポーツで収集したナレッジをスポーツ以外の分野へ提供することも考えていくべきである。

たとえば、2020年とそれ以降を見据えて、企業とのさまざまな製品の開発を含むコラボレーションを促進していくことも大切な視点である。その点からも西が丘地区のナレッジの蓄積は、大きなメリットがある。

強豪国のナショナルトレーニングセンターの形式は、大きく二つに分かれると言えるであろう。一つ目は、一カ所に中心的な拠点を置く形式である。この形式には、日本が参考にしたオーストラリア、フランス、スウェーデン、スペイン、韓国などがある。二つ目は、中核拠点を複数持つアメリカ、イギリス、イタリア、カナダなどがある。

私はこれまでにオーストラリア、フランス、スウェーデン、スペイン、韓国、アメリカ、イギリス、イタリア、ドイツ、フィンランド、イランなどを視察しているが、いずれもハイパフォーマンスセンターと言える素晴らしいものである。ただ、すべてが最新の施設というわけではない。

重要なのは、そこに所属するスタッフと利用する競技団体のコミュニケーションによるところが大きい。うまくいっている施設では、競技間のコミュニケーションがスムーズに行われている。コミュニケーションを促進させる一つにカフェ文化がある。

トレーニングを終えたアスリートやコーチたちが、ハイパフォーマンスセンター内のカフェで談笑しているシーンを何度も垣間見てきた。試合とトレーニングの緊張の連続の中で違う競技間のスタッフがカフェで普通に情報交換ができる場の設定は、日本が最も苦手な部分である。その意味からもカフェ文化を根づかせることは、知の集積基地として最も重要な点である。

日本の国立スポーツ科学センターは、オーストラリアを参考にしたと言われている。オーストラリアの国立スポーツ研究所（ＡＩＳ）は、１９７６年モントリオールオリンピックでの惨敗を受けて政府が１９８１年に設立したトップスポーツの拠点である。場所はキャンベラの郊外にあり、約65ha（東京ドームの約14倍）の広大な敷地には、各競技のトレーニング施設、最新のスポーツ医・科学サポートを受けられる施設、レストラン、会議室、宿泊施設などが併設されている。

オーストラリアスポーツ研究所でも複数のスタッフとミーティングを持つことができたが、いずれも競技団体と研究所スタッフから横の連携の重要性を聞くことができた。さらに、研究所には最新の施設や設備が整えられている。一方、既存の古い施設もうまく活用している点についても、今後の日本が参考とするべきだろう。

世界の強豪国では、ハイパフォーマンスセンターを活用した強化・育成活動を展開している。日本も同レベルの施設が揃い、多くの競技団体に活用されている。しかし、２０２０年東京大会において強豪国との熾烈な競争に勝利を納め、さらに２０２０年以降も持続的な強化・育成活動を行うためには、ハイパフォーマンスセンターを知の集積基地として包括的・総合的に活用していくことが、最も重要である。

## 5 情報の還流に必要なハブ機能

### 日本スポーツ振興センター、ロンドン事務所設置の功績

森記念財団都市戦略研究所が発表した「世界都市総合力ランキング２０１４」によれば、ロンドンが2年連続1位になった。２００８年に開始された同ランキングは、都市の力を経済、研究・開発、文化・交流、居住、環境、交通・アクセスという6分野と経営者、研究者、アーティスト、観光客、生活者という五つのアクターの視点にもとづき都市の総合力を複眼的に評価する。

総合順位は1位がロンドン（2年連続）、2位がニューヨーク、3位がパリ、そして4位が東京であった。東京は外国人旅行者数の増加にともない、弱みであった文化・交流分野が上昇した。

２０２０年東京オリンピック・パラリンピック招致の成功は、国内だけでなく国外に向けた情報を発信する最大の機会であることは、これまで述べてきた通りである。中でも世界の主要都市を拠点として日本を売り込むことができれば、その効果は計り知れない。

１位のロンドンには、独立行政法人の事務所が多く設置されている。文化芸術交流、海外での日本語教育と日本研究・知的交流を主要活動分野としている国際交流基金（ＪＦ）、日本の政府開発援助（ＯＤＡ）を一元的に行なっている国際協力機構、貿易・投資促進と開発途上国研究を通じ、日本の経済・社会のさらなる発展に貢献する日本貿易振興機構（ＪＥＴＲＯ）、学術振興の中核を担う機関として設立された日本学術振興会（ＪＳＰＳ）など、多くの在外事務所が情報の収集と発信を行なっている。

その中で、日本のスポーツ組織でロンドンに拠点を置くところがあることは、あまり知られていない。日本スポーツ振興センターは、２００９年にロンドン事務所を設置した。２０１２年に開催されたロンドンオリンピックの支援を最大の役割とし、オリンピック・パラリンピック開催期間中に、後方支援の拠点として大きな成果を挙げた。

ロンドンオリンピックは近年、最も成功した大会である。また、２０２０年東京大会の成功はロンドン大会の情報をどれだけ収集し、活用できるかにかかっているとも言えるであろう。その意味からも今後の日本スポーツ振興センターロンドン事務所の役割は大きい。

日本スポーツ振興センターロンドン事務所は、ロンドン大会終了後も、新たな役割を担って活動を続けている。その一つがヨーロッパとロンドンでのスポーツのハブ機能としての役割である。ロンドンは、前述の都市ランキングが示す通り世界の中でもさまざまな分野の情報が集まる場所である。その世界最先端の都市に事務所を構える意義は大きいと言えよう。

日本スポーツ振興センターロンドン事務所は、収集した情報を日本に送ると同時に、日本の情報をロンドンとヨーロッパ諸国に発信する機能もある。ヨーロッパで開催されているスポーツ系の研究学会やカンファレンスなどに所属スタッフが出向いて情報を収集するとともに、日本の情報も発信している。さらに、それらに参加している組織や人とのネットワークの構築も行われている。その中で、2020年東京大会に関する情報も合わせて発信することは絶大な効果がある。

## 情報交換が日本のトップコーチを飛躍させる

トップスポーツの競技力を向上させるうえでコーチの役割は大きい。中でも世界でもまれて研鑽《けんさん》を積むことは重要だ。そこで日本オリンピック委員会ではスポーツ指導者海外研修事業として、年間に5人前後を短期1年、長期2年の期間で諸外国に派遣している。中でもヨーロッパ諸国に派遣されるコーチは多い。しかし、これまでスポーツ指導者海外研修事業に関して、実際に研修場所への視察やコーチたちから現地で生の声を聞く機会がなかった。

そこで私はイギリスに滞在していた期間に、日本スポーツ振興センター情報・国際部アドバイザーと日本オリンピック委員会情報戦略部門長というポジションを活用して、ヨーロッパで研修を行なっているコーチたちの活動を視察した。そして、直接、話を聞く機会を作った。その中でコーチたちが求めていることを整理してみると多くの共通点があり、コーチ間で共有できることも多いと感じた。

さらに、コーチたちの研修を充実させるには、諸外国で活動を行なっているコーチたちを一堂に集めることで情報の共有を促進できる。また、日本にはヨーロッパの拠点となり得る日本スポーツ振興センターロンドン事務所という有効な資源を有していることにも気づくことができた。

視察の結果を整理していく過程で、日本スポーツ振興センターロンドン事務所をハブとしてさらに活用することで、コーチ間のナレッジ（知識）や研修で得た情報を共有し、還流させることができるのではないかと考えるようになった。

２０１４年７月イギリス・グラスゴーで第20回コモンウェールスゲームズ（イギリス連邦に属する国・地域の総合競技大会）が開催された。その期間中に国際コーチング・エクセレンス評議会（ＩＣＣＥ）[注28]が主催する「グローバル・コーチ・ハウス」も開催された。世

注28
非営利の国際組織であり、国際オリンピック委員会や国際連盟とも連携している。スポーツ・コーチングを世界中で普及・発展させ、スポーツのすべてのレベルにおけるコーチングの質を高めることを目指している。

界各地のコーチが集まるイベントであり、国際的なコーチと関係者たちのナレッジや最新の経験など、有益な情報を収集することができる場である。

ここに、日本スポーツ振興センターロンドン事務所の呼びかけにより、ヨーロッパで研修を行なっているコーチたちが初めて集結し、情報交換とネットワークを構築した。

これも日本スポーツ振興センターロンドン事務所のハブ機能としての成果の一つである。この試みは、日本のスポーツ界における海外での大きな一歩となったことは間違いない。企画・運営を行なったロンドン事務所スタッフの努力の賜物であり、同時にスタッフにとっても貴重な経験であり、引き続きナレッジの蓄積を継続していくことが大切である。

## 人と人、企業と企業、国と国とを結ぶ

また、2013年6月日本スポーツ振興センターは、イギリスのスポーツの政府系政府外機関であるUKスポーツとの連携協定の覚書（MOU）を締結した。これにより、さらに情報を共有・創出し、主要な国際大会の招致支援、エリートスポーツトレーニングセンター、投資評価、コーチングなどの領域で共同プロジェクトの設置や運営を行なっていくこととなった。

日本スポーツ振興センターがMOUを結んでいる組織は、イギリス、オーストラリア、

シンガポール、香港、フランス、ブラジルのスポーツの政府系政府外組織とナショナルオリンピック委員会である。この六つのネットワークを有効に活用していくことで、２０２０年東京大会と２０２１年以降を見据えた活動をダイナミックに展開することができる。日本スポーツ振興センターは、日本におけるスポーツの独立行政法人として、国の方針にもとづきスポーツを推進していく役割を担っている。その意味からもＭＯＵを活用した施策と事業をスポーツ界のために展開していく義務がある。

近年トップスポーツは、海外での合宿および大会への参加で、さまざまなサポートが必要となっている。その中で、世界の主要都市に拠点があることのメリットは少なくない。その意味から日本スポーツ振興センター、ロンドン事務所のようなハブ拠点が増えることは、大きな意義がある。

一方、スポーツを通した国際協力としては、国際協力機構の青年海外協力隊がよく知られている。２０１４年12月末現在、69カ国に１８５４人のボランティアが開発途上国に派遣されており、このうちスポーツ・体育関係は１３０人が派遣されている。

また、シニアボランティアは60カ国に４４１人が派遣されており、このうちスポーツ・体育関係は27人が派遣されている。青年海外協力隊の開発途上国でのボランティア活動は１９６５年から継続されている。累計で88カ国に約３万９０００人をさまざまな職種で派遣されている。その中でスポーツ・体育における派遣国も多く、累計の派遣者数は３００

0人を超える。

青年海外協力隊やシニアボランティアの派遣国や派遣国の近隣諸国に派遣者が研修やサポートを受けられる場所があることには意味がある。

東南アジア、中近東、中南米、アフリカなどの近隣諸国にスポーツの拠点があれば、その活用領域は派遣者の研修、派遣先のカウンターパートなどの研修先としての役割を担うことができる。

これらのことを総合的に考えていくと、スポーツを通して国際的な存在感を高めていくためには、ロンドンに続くスポーツの拠点を設置していくことで多くの可能性が考えられる。

そのためにも日本スポーツ振興センター、ロンドン事務所のハブ機能としてのナレッジの蓄積は、今後のスポーツ界だけでなく、日本にとっても大きな意義がある。

スポーツのハブを通して情報を還流させ、人と人を結ぶ、企業と企業を結ぶ、国と国を結ぶことは十分に考えられる戦略の一つである。

# 6 「多様性の中に共通性」を見出す

## 目的の共有がダイバーシティを制す

メディアでよく聞いたり読んだりすることが多いダイバーシティ（多様性）という言葉は、グローバル化と大きな関係があることはよく知られている。企業では、輸入と輸出の関係から諸外国とのつきあいが日常的であり、多様性を受け入れてきたところも少なくない。

しかし、現代社会は少子高齢化にともない国内マーケットの縮小から、これまで諸外国を対象としていなかった企業においてもマーケット拡大にともない、多様性を受け入れることが求められている時代であろう。

もちろん多様性を受け入れるのは、諸外国や外国人を受け入れることだけではない。仕事の量が増え質を上げていくためには、多様な人材を活用することが求められる。老若男女、多国籍社員、正規採用・中途採用、契約社員など、さまざまな人々が混在して事業を進めることが必要となる。

このような社会的背景の中で、スポーツの世界も多様性を受け入れる時代へと進んでいる。もともとトップスポーツの主戦場は世界であり、世界選手権、アジア競技大会、オリンピックをはじめとして多くの国際大会に参加している。これらの大会で選手とコーチたちは金メダルを懸けて戦っている。諸外国に出向くことや、外国人たちと交わることは当然であり、日常的である。諸外国での移動や宿泊の手配、大会へのエントリー、練習会場の手配など、多くの役割をコーチらは担っている。場合によっては、アスリートが自ら行う場合も少なくない。その中で多様性に適応する能力が身につけられていく。

冬季競技のスキーやスケートは、諸外国を転戦するワールドカップの成績によってランキングを決め、最終的な順位を決定する。ランキングの上位者は、シード権やスタート順などにおいて優位となる。

夏季競技のテニス、バドミントン、卓球も同様にランキング制を導入している。あまり知られていないが、柔道やフェンシングという競技においてもランキング制が導入されている。

ランキング制の導入は、大会数が増えることになり、アスリートやコーチへの負担も大きくなる。しかし、ランキングの上位に入っていくことは、オリンピックでの出場権とシード権の獲得につながる。そのため、より多くの大会に出場することが必要となり、諸外国を転戦する回数が増える。

ワールドカップなどを転戦していくことで、参加する国のアスリートやコーチたちの間では必然とコミュニティが形成されていく。そこで重要なことは、海外に顔の効くコーチがいるかどうかであろう。

転戦していく中で、トレーニング環境の確保は重要なポイントとなる。その中でより良いコンディショニングのスケートのリンク、スキーのバーン（コース）、単独の柔道場、フェンシングのピッチなどの確保が必須となる。さらに、一緒にトレーニングを行う諸外国のチームの選定も大きな要因の一つである。

そのため日本人、外国人を問わず、諸外国でこれらのトレーニング環境を臨機応変に整えられる力量のあるコーチを確保しているかどうかが、勝敗に大きく影響することになる。外国人コーチを雇用する場合は、アスリートとのあいだでコミュニケーションやアスリートたちのコンディショニングの確認などをしていく日本人コーチやスタッフも求められる。

現在、トップスポーツでは、スキー、スケート、フェンシング、バドミントン、体操（女子）、新体操、サッカーなどで外国人コーチを雇用している。レスリングでも1996年のアトランタオリンピック前後にロシア人コーチを雇用していた時期もあったが、現在は日本人コーチのみで活動している。

トップスポーツの世界では、競技に関わりながら、さまざまな面で多様性が磨かれる。外国人コーチと日本人スタッフのあいだで、アスリートを勝たせるという最終目的が確認されていれば、激しい議論が行われたとしても最終的には理解し合うことができる。チームに共通の認識があれば、それぞれの役割を全うして勝利に向かって邁進できる。

## 自己財源を捻出できない競技団体が抱える悪循環

一方、競技団体のガバナンス（組織統治）という観点に立った場合、公的資金の不正受給をはじめとした多くの諸問題が世間を騒がせてきた。この背景にあるのは、脆弱な組織基盤にあることは明らかである。経理、財務、法律、広報などの専門知識を持った職員を雇用できない実情があることは否めない。自己財源を捻出できない競技団体ほど、この悩みは大きく根深いことも一連の諸問題で明確となった。

自己財源がないから専門職員を雇用できない。専門職員がいないからガバナンスを保てず、不正経理が起こり、公的資金の削減へつながるという悪循環をどこかで断ち切る必要があることを関係者は理解している。

一方、２０２０年後を見据えたとき、明らかにスポーツ予算の削減は明白である。それまでにどれだけ組織の体制を再整備できるかが、競技団体にとっての勝負となる。言い換えれば、２０２０年の東京大会までが２０２１年後に、競技団体が生き残れるか、その瀬戸際と言えるであろう。

そのために行うべきことは、多様な知識と専門性を兼ね備えた人材を確保し、自己財源を捻出したうえでガバナンスを強固なものへと改革していくことである。競技のことをよく理解した事務局スタッフと強化を担うスタッフ、そして専門知識を持ったスタッフが多様な中でコミュニケーションをとり、組織の役割に沿って運営していくことが最も大切だ。

その中で、どのように多様性の中に共通性を見いだすことができるのか、グローバル化する中で避けては通れない、競技団体の最も大きな課題の一つである。

## デュアルキャリアの模範となるアスリートを育てる

私は日本経済団体連合会（経団連）のある会議に呼ばれて、２０２０年東京大会に向けた課題「トップアスリートの実情と不安」について話をした。その中で、ＥＵのスポーツ政策として注目されている「デュアルキャリア」と、「トップアスリートたちが抱える諸問題」についてデータを交えて紹介した。

デュアルキャリアとは、アスリートと人としての二つのキャリアを同時に進行させていく過程のことをいう。EUでは2012年にアスリートのデュアルキャリアに関するガイドラインを策定し、推進するための準備が進められている。

経団連の会議で一通りプレゼンテーションに対する質疑応答が終わり、最後に議長から言われた一言が、とても印象的であった。それは、「トップアスリートの経験は、とても貴重で企業にとっても有益となる可能性がある。ただ、入社してからさまざまな研修を受け、実務を担ってきた社員との差をどのように考えて融合させていくのか。理想と現実のギャップを埋める必要がある」という結びであった。まさに多様性の中で共通性を見いだすことのむずかしさを言い当てているように思った。

2020年東京大会に向けてさまざまな取り組みを行なっているが、だからこそトップアスリートのデュアルキャリアの問題も重要な取り組みの一つである。トップアスリートが就職できないということは、その他のアスリートはもっとむずかしい可能性が高い。そこで必要なのは、デュアルキャリアにおけるロールモデルである。

2012年ロンドンオリンピックにおいて、ボート競技の女子ダブルスカルで金メダルを獲得したK・グレインジャーが、ロンドン大学キングスカレッジにて法学（刑法）の博士号を取得した。その後、オックスフォードにあるブルックス大学[注29]（英国の中堅大学）の名誉総長となることがBBCで報道された。K・グレインジャーは、シドニー、アテネ、北京大会で銀メダルを獲得しつつ、法学の研究を続けて学士号、修士号を取得してきた。彼

注29
イギリスのタイムズ紙の優良大学ガイドによれば2014年版ランキング50位の中堅大学。1位はケンブリッジ大学、2位オクスフォード大学、ラフバラ大学は21位。

女はまさにイギリスにおけるトップアスリートのロールモデルと呼べるであろう。

日本でも陸上の室伏広治氏（アテネ金メダリスト／体育学博士）、競泳の鈴木大地氏（ソウル金メダリスト／医学博士）、レスリングの佐藤満氏（ソウル金メダリスト／医学博士）らが大学の教員として活躍している。

このようなケースを増やしていくことが、2020年東京大会以降を見据えたトップアスリートのデュアルキャリア戦略であり、ロールモデルが増えることで経団連との連携も進むだろう。

2020年東京大会以降を見据えて、真のグローバルスタンダードに向けた一般社会で活躍できるトップアスリートを育成していくために、今から準備をしていくことが求められている。

# 未来をデザインする

# EPILOGUE

## アジアのリーダーを目指す

ビジネス界では、業界内の統廃合と再編が世界の動向に合わせて実施されていることはよく知られている。1998年に銀行持株会社が解禁されたことで、銀行の統合と再編の動向が加速した。それにより、数多くの名門バンクがメガバンクへと変貌をとげた。同じく電話通信事業者のソフトバンクは、アメリカのスプリント・ネクステルを買収し、世界第3位の携帯電話グループとなった。いずれも世界の名だたる企業との過酷な競争に備えての再編であり、M&A（合併・吸収）である。

スポーツ界でも、大きな再編のときが迫っているのかもしれない。

現在、2020年東京オリンピック・パラリンピックの開催まで残り5年数カ月となった。トップスポーツにおいて、日本は世界の中で最も注目される場所の一つである。世界中が日本と東京に注目し、どのような大会を開催するのかと興味を抱いている。

このときを千載一遇の機会ととらえ、行動できるかどうかが2021年以降の日本においてスポーツ界の方向性を決めると言ってもよいだろう。それは、トップスポーツに関わるすべての組織の問題であると同時に、トップスポーツ以外のスポーツの関係組織（大学や研究学会など）についても同様である。おそらく、2020年までに組織の変革と人材育成の制度を構築した組織だけが2021年以降も残っていく。

理由は明確である。今後50年、これ以上の機会は日本に訪れないだろう。国が法律や予算措置の見直しを含めて、これだけスポーツに関与することは、前回の東京オリンピック以来なかった。すべてのスポーツ関係者がこのときを変革の機会ととらえ、行動を起こさなければ何も変わらないだけでなく、衰退の一途をたどってしまう。

私は1年間イギリスを拠点としてヨーロッパをまわり、さまざまな人々から多くの情報を得ることができた。当初、スポーツという分野において、日本が世界のリーダーになっていくためには、ヨーロッパで認められなければならないだろうとおぼろげながら考えていた。しかし、実際にヨーロッパに住んで彼らと交わる中で、その考えは変化していった。

ユーラシア大陸の極東に位置する日本が、ヨーロッパで認められるには想像を超える力が必要であることを実感した。現在、日本のトップスポーツの中で国際連盟の会長はひとりもいない。さらに、国際連盟の理事ですら片手で数えられるだけである。また、国際オリンピック委員会の委員は、日本オリンピック委員会の竹田恆和会長だけである。

しかし、国際オリンピック委員会の方向性を決める理事会のメンバー（15人）には入っていない。これらのことを総合的に考えた場合、いきなりヨーロッパで認められ、リーダーシップをとるのは、至難の技である。

その中で2020年東京大会は、日本が世界に存在感を示す絶好の機会である。最高の情報（Intelligence）にもとづく戦略を持って臨むことが必要であり、とるべき戦略の一つが、アジアのリーダーを目指すことである。それが世界のリーダーに近づくことになる。

## 東南アジアに焦点を絞り、連携・協力を推進せよ

現在国際オリンピック委員会の加盟国・地域（ＮＯＣ）[注30]は２０５であり、そのうち45のＮＯＣがアジアにある。さらに、アジアの人口は世界の約61％にあたる約44億人である。また、国の発展に欠かさない人口動態を見てみると、東南アジア諸国連合とインドの存在は見逃すことはできない。

東南アジア諸国連合（10カ国・約6億人）の平均年齢は20歳代であり、インド（約12億5０００万人）の平均年齢は約25歳である（日本は約45歳）。スポーツにおいても中長期的な視点に立ち戦略を立案するうえで、この地域との連携や協力体制の構築は不可欠である。

その中で日本に対する好印象を持ち、時差の少ない東南アジアに焦点を絞り、連携・協力を推進していくことは重要な観点である。

これまでスポーツにおいて日本は、東南アジアへ国際協力機構の青年海外協力隊により多くの人的支援を行なってきた。さらに、２０１３年4月には日本スポーツ振興センターが、現スポーツシンガポールと連携協定の覚書（ＭＯＵ）を締結した。スポーツ分野において、シンガポールと日本の関係はいたって良好である。

注30
各国・地域のナショナル・オリンピック・委員会

これらの基盤を活かして、東南アジアに日本のトップスポーツがナレッジ供給を行うことで、いっそう信頼関係を構築するとともに、日本のスタッフを現地に派遣していくことは、両者にWIN-WINの関係を築くことにつながる。さらに、日本企業が一緒にテクノロジーなどの強みの部分を提供するために加わることは、それぞれの組織にとって利益をもたらす可能性がある。

私は2008年12月、初めてシンガポールを訪問した。トップスポーツの拠点学校、スポーツの統括組織、関係省庁のスタッフとのミーティングを通して一番感じたのは、彼らの情熱であったことを今でも覚えている。2010年に開催される第1回夏季ユースオリンピックゲームズ[注31]を1年8カ月後に控えていたシンガポールには、新しいことに取り組む活気と勢いが国全体にあった。

私はそれ以来、トップスポーツを通してシンガポールに注目し続けている。

東南アジアを基盤としてアジアで認められ、存在感を示すことができれば、間違いなくヨーロッパで発言権を持つことができ、リーダーへと駆け上がっていくことは十分に考えられる。そのためには良質の情報と戦略を構築できる人と組織が不可欠である。

2015年通常国会において、スポーツ界待望のスポーツ庁の設置が検討される。その中で最も重要なことは、既存の制度や組織を超えた未来への扉をあけるための組織を構築

注31
国際オリンピック委員会主催の14~18歳を対象としたオリンピック教育と競技を主体とした総合競技大会。

することである。これまでスポーツの世界は、最も遅れた制度のままの組織であった。そのことは、2012年末を皮切りに明るみになった数々の諸問題を引き起こしたことからもわかる。スポーツ界に身を置く者にとって、このことを忘れてはいけない。負の遺産にとどめることなく、失敗から学ぶことこそ大きな改革への一歩となるであろう。

## 日本に不可欠なスポーツ制度の刷新

さらに日本オリンピック委員会傘下の競技団体において、強化資金の不正受給やずさんな経理処理が相次いで発覚したことから日本オリンピック委員会の管理能力が問われた。この問題から抽出される課題は明らかである。それは、日本オリンピック委員会の職員数が少なく、経理全般に目くばりできる人材やグループが足りないことだ。

その中で解決策として考えられるのは、二つある。一つ目は、日本オリンピック委員会の経理部門などの人材増を行うことである。ただし、これには人件費を含むランニングコストがかさむということを日本オリンピック委員会が覚悟する必要がある。二つ目は、超党派のスポーツ議連のプロジェクトで日本オリンピック委員会が提案した競技団体の経理、法務などの業務を一元化するバックオフィスを設置するという案である。問題は、誰がこのバックオフィスの運営資金を捻出するのかが、不明瞭な点である。

これらの課題が残る中で、日本オリンピック委員会の役割が問われている。日本オリンピック委員会の職員の中には、心底スポーツの行く末を何とかしたいと考えている人たちもいる。そこで必要となるのが、制度の刷新である。公的資金という国の財源に関する流れを一元化する仕組みづくりを進めなければ、根本的な課題の解決にならない。

スポーツ庁は「国のスポーツ行政を統括する指令塔的な役割を担っていくことが望ましい」とスポーツ議連のプロジェクトチームがまとめた報告書にも記載されている。では、スポーツ庁がどこに予算を流すのが、不正受給やずさんな経理処理を未然に防ぐことになるのであろうか。予算を新たにつけず、これらの問題を解決していくためには、既存の組織を活用することが最も有効である。

日本スポーツ振興センターは、我が国のスポーツに関する唯一の独立行政法人であり、国が定める独立行政法人通則法に則り、業務を行うことが明確となっている。

切迫した国の財政の中で有効となる制度改革を実行するためには、既存の資源を活用する必要がある。ただ、現在の日本スポーツ振興センターの仕組みでは、表面上はうまく機能するかもしれないが、さまざまな課題の解決にはならない可能性もある。そこで、スポーツ庁設置にともない、日本スポーツ振興センターという組織と制度の刷新も必要となるであろう。

私たちスポーツ界にいる者は、スポーツは価値があるものだと思っている。しかし、スポーツ界以外の人々がスポーツは価値があると思うようになることが最も重要である。

２０２０年東京大会という千載一遇の機会を逃すことなく、２０２１年以降を見据えた日本の新しいスポーツ制度をデザインすることができるかどうかが岐路となる。スポーツを通した国際交流と貢献に寄与できる体制が整ったとき、スポーツの価値は大きく変わるとともに、日本が世界の中で存在感を示すことにつながるであろう。

華やかなトップスポーツの裏側で、大きく揺れ動く組織と制度改革に向けた戦いが繰り広げられている。その中で時代の半歩先を見据えて、スポーツの未来を日本でデザインすることが求められている。

グローバル化した社会の中で世界と関わり競争していくことは、ビジネスもスポーツも同様である。斜に構えて閉塞感に身を任せ、陰で文句を言うだけでは何も変わっていかない。変革のためには、覚悟して世界の中で競争できる体制と仕組みを整える必要がある。

# おわりに

日本は2020年に東京オリンピック・パラリンピックを開催する。この世界的イベントは国をあげて成功させる必要がある。一方、未来の若者たちのことを考え、2021年以降を創造しておくことも忘れてはならない。

本書ではトップスポーツに関する最先端のさまざまな事例を紹介し、情報と戦略の重要性について考えてきた。

その中から見いだすことができるのは、インターネットの進化にともない氾濫する情報の中から本質を見抜くことの重要性である。さらに、国際オリンピック委員会をはじめとしたスポーツの関係組織、国際連合（UN）などの国際組織、そして強豪国のスポーツ組織などが発信している戦略の意図を読み取り、先手を打って対策を講じていくことの必要性である。

このことは、ビジネスの世界も同様であろう。世界と日本の動向を広く把握し、その中で自分たちの専門分野を合わせて見ていく必要性はすべてに共通している。現代社会はインターネットの進化により、世界を俯瞰《ふかん》することが容易にできるようになった。その中で常に良質の情報に触れ、本質を見抜く力を研鑽しておかなければならない。

一方、課題先進国の日本は、解決策を常に考え続けることが求められている。

課題解決のためのアイデアが枯れることなく湧き出るようにするためには、国内外を通じてどの分野に関しても「見たい」「聞きたい」「知りたい」という好奇心を持ち、さまざまな異分野の現場に足を運ぶことが大切となる。そのうえで、自分が持っている情報と足を運んで得た情報を合わせて考え続けることが、課題解決の一歩である。

知的好奇心を刺激するのは、良質の情報であることは間違いない。その良質の情報というシャワーを浴び続けられる環境をどのようにしつらえるかも重要となる。

私は幸運にもトップスポーツで、オリンピック、アジア競技大会、世界選手権などの国際大会への参加と、国内外における多くの主要組織の視察とミーティングをする機会に恵まれた。

その中でいつも錯覚との葛藤を続けてきた。これだけ多くの機会と情報を手に入れることで、トップスポーツについてすべてを知っているかのごとく感じる瞬間がある。しかし、それは紛れもなく錯覚である。私が経験したことや知っていることなど、トップスポーツのわずか数パーセントにもおよばない。

知っていると思った瞬間が、知らないことのはじまりである。

現在、私たちはトップスポーツの世界で「情報戦略」という部門において、最先端を走っている。しかし、これまでなし得てきたすべての成果は、私一人で行なったものではなく、すべて情報戦略に関わるチームによってなし得たものであることは間違いない。本書に記載した内容は、すべてその時々のチームでなし得たものであり、方向性を示すリーダーがいたからこそ、達成できたものばかりである。それらのチームのメンバーとリーダーに対して、ここに深く感謝の意を表したい。

その中で本書が、情報戦略に携わるすべての人たちに何らかの示唆を与えるものであって欲しいと心から願っている。

若かりし頃、勢いだけの私に対して、真摯に対応してくれたトップスポーツ界の諸先輩方の寛大さには頭が下がる思いである。私の乱暴な意見も黙って聞き、的確なアドバイスを私に送り、また聞いてもくれていた。時には厳しく、そして優しく導いていただいた。そんな諸先輩方がいたから、これまでこの世界でやってくることができたのだと思う。改めて感謝の意を表したい。

最後に、世に出す機会を与えてくれた株式会社スポーツビズの田中和弘氏と、企画段階から刊行に至るまでご尽力いただいた生産性出版の高松克弘氏、杉浦修一氏、村上直子氏、米田智子氏に深く感謝したい。なかでも村上直子氏、米田智子氏には執筆の方向性を含めて多大なるアドバイスをいただいた。その他、多くの方々の支援によって本書を書き終えることができたことに感謝したい。

２０１５年　春

著者

今後「THINK AHEAD」の内容を広く発信・共有していきます。
イベントなどの情報をご希望の方はこちらをご覧ください。
また、ご質問やご感想もお寄せいただきましたら幸いです。
〈公式 FB〉THINK　AHEAD
〈お問い合わせ〉thinkahead2025@gmail.com

# 参考文献

N・バーリー『日本はこうしてオリンピックを勝ち取った！　世界を動かすプレゼン力』（NHK出版　2014）
久木留毅「競技力向上のための情報とその活用」（日本体育協テキスト　2012）
大森義男『日本のインテリジェンス機関』（文藝春秋　2005）
北岡元『インテリジェンス入門』（慶應義塾大学出版会　2003）
小林良樹『インテリジェンスの基礎理論』（立花書房　2011）
木村忠正『デジタルネイティブの時代』（平凡社　2012）
江畑謙介『情報と国家』（講談社　2004）
野中郁次郎　竹内弘高『知識創造企業』（東洋経済新報社　1996）
M・E・ポーター『新訂・競争の戦略』（ダイヤモンド社　1995）

【著者紹介】
## 久木留 毅（くきどめ・たけし）

専修大学教授／博士（スポーツ医学）。専門は高度競技マネジメント（スポーツ情報戦略）、スポーツ医・科学。専修大学商学部卒業後、筑波大学大学院体育研究科修了、法政大学大学院政策科学専攻修了。現在の活動として、（公財）日本オリンピック委員会情報・医・科学部会部会員、情報戦略部門・部門長、オリンピック競技大会日本選手団情報戦略スタッフ、ロンドン・ソチオリンピック等対策プロジェクト委員。（財）日本レスリング協会特定理事、情報戦略委員会副委員長、スポーツ医科学委員会委員。文部科学省副大臣「スポーツ振興に関する懇談会」メンバー、ロンドンオリンピック強化支援タスクフォースメンバー。スポーツ議員連盟新スポーツ振興法制定プロジェクトチーム「アドバイザリーボード」メンバー。スポーツ庁設置検討プロジェクト・有識者会議メンバー。（独）日本スポーツ振興センター情報・国際部アドバイザー。嘉納治五郎記念国際スポーツ研究・交流センター特別研究員。

**Think Ahead**
**トップスポーツから学ぶプロジェクト思考**

---

2015年3月15日　初版第1刷発行

著　者　　久木留毅
発行者　　内野亘
発行所　　生産性出版
〒150-8307　東京都渋谷区渋谷3-1-1
日本生産性本部
電話　03-3409-1132（編集）
03-3409-1133（営業）
http://www.jpc-net.jp/

---

印刷・製本　文唱堂印刷株式会社

ISBN 978-4-8201-2037-7